www.ingramcontent.com/pod-product-compliance
Lightning Source LLC
Chambersburg PA
CBHW052101110526
44591CB00013B/2305
9781950396689

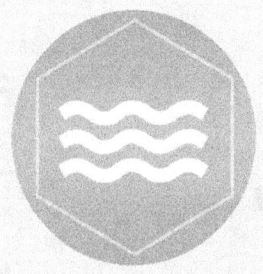

فهمُ المعموديَّة

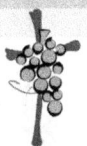

أساسيَّات الكنيسة

فهمُ المعموديَّة

محرِّر السلسلة **جوناثان ليمان**

المؤلِّف **بوبي جاميسون**

فهم المعمودية

Originally published in English under the title:
Understanding Baptism

Copyright © 2016 by Robert Bruce Jamieson and 9Marks
All rights reserved.

Printed in the United States of America
9Marks ISBN: 978-1-950396-68-9

Published by B&H Publishing Group
Nashville, Tennessee

الطبعة الول ٢٠٢١

الكتاب: فهمُ المعموديَّة – سلسلة أساسيَّات الكنيسة ١
المؤلف: بوبي جاميسون
الناشر: طائفة الكنيسة المعمدانية الأردنية بالتعاون مع دار منهل الحياة – لبنان
الترقيم الدولي: 978-614-460-085-6
بريد إلكتروني: info@Jordanbaptist.org
ترجمة: يزن غطّاس

دار منهل الحياة
Dar Manhal al Hayat

Jordan Baptist Convention
الطائفة المعمدانية الأردنية

يُطلب هذا الكتاب من المكتبة المعمدانية الأردنية
لطلب الكتاب يمكنكم الاتصال بنا على الرقم ٩٦٢٧٩٠٨٤٠٩٦٨+
أو مراسلتنا عبر البريد الإلكتروني التالي Bookshop@jordanbaptist.org

الفهرس

تقديم سلسلة أساسيَّات الكنيسة ٧

تمهيد ١١

مقدِّمة ١٣

الفصل الأوَّل: ما المعموديَّة؟ ١٧

الفصل الثاني: من ينبغي له أن يتعمَّد؟ ٣١

الفصل الثالث: ماذا عن معموديَّة الرُّضَّع؟ ٣٩

الفصل الرابع: لماذا تُشترَط المعموديَّة في عضويَّة الكنيسة؟ ٦٥

الفصل الخامس: متى تكون "المعموديَّة" ليست معموديَّة؟ ٧٧

الفصل السادس: كيف ينبغي للكنائس أن تُمارس المعموديَّة؟ ٨٩

المراجع ١٠١

تقديم سلسلة أساسيَّات الكنيسة

الحياةُ المسيحيَّة هي الحياة الكنسيَّة؛ وهذه قناعةٌ كتابيَّة جوهريَّة تملأ صفحات كلِّ كتابٍ من كُتب سلسلة أساسيَّات الكنيسة.

وتؤثِّر هذه القناعة بدورها في الكيفيَّة التي يتناول كلُّ كاتب موضوعه. فيُعالَج موضوع العشاء الربانيِّ، مثلًا، لكونه مائدة شركة عائليَّة مع المسيح ومع شعبه، لا لكونه ممارسة خصوصيَّة تصوُّفيَّة بينك وبين المسيح. ولا يُنظر إلى الإرساليَّة العظمى لكونها رخصة للذهاب إلى الأمم للشهادة الفرديَّة عن المسيح، بل لكونها تكليفًا للكنيسة بأسرها لتُتمِّمها الكنيسة بأسرها. كما تُعدُّ سُلطة الكنيسة منوطة بالرعيَّة كلِّها لا بالقادة فقط؛ وهذا لأنَّ كلَّ عضوٍ له وظيفة معيَّنة، بمن فيهم أنت.

ويجدر بالذكر أنَّ كلَّ كتابٍ كُتب لعضو الكنيسة العاديّ؛ فإن كانت الحياة المسيحيَّة حياةً كنسيَّة، يجب عليك بصفتك مؤمنًا مُعمَّدًا وعضوًا في الكنيسة أن تفهم هذه المواضيع الرئيسيَّة. وكما عهد إليك يسوع المسيح دعم رسالة الإنجيل خاصَّته وحمايتها، عهد إليك أيضًا دعم شعب رسالة الإنجيل خاصَّته وحمايتهم؛ وأعني بهذا الكنيسة. وستشرح هذه الكُتب كيفيَّة عمل ذلك.

تصوَّر أنَّك صاحبُ أسهمٍ في مؤسَّسة خدمة إنجيل المسيح. ماذا يفعل أيُّ صاحب أسهمٍ بارع؟ يدرس مؤسَّسته ويدرس سوق العمل ويدرس المنافسة فيه، إذ يرغب في أفضل عائدٍ لاستثماره. وأنت، أيُّها المسيحيُّ، استثمرت حياتك بأكملها في رسالة الإنجيل، لذا تهدف السلسلة إلى تعزيز سلامة رعيَّتك المحلِّيَّة وربحها الملكوتيِّ في سبيل مقاصد إنجيل الله المجيد.

هل أنت مستعدٌّ للمباشرة بالعمل؟

جوناثان ليمان
مُحرِّر السلسلة

كُتب أخرى تجدها في سلسلة أساسيَّات الكنيسة:

- **فهم المعموديَّة** لبوبي جاميسون
- **فهم العشاء الربَّانيّ** لبوبي جاميسون
- **فهم القيادة الكنسيَّة** لمارك ديفير
- **فهم سلطة الرعيَّة** لجوناثان ليمان
- **فهم التأديب الكنسيّ** لجوناثان ليمان
- **فهم الإرساليَّة العُظمى** لمارك ديفير

تمهيد

"سلسلة أساسيَّات الكنيسة" سلسلةٌ لا بدَّ منها في كلِّ مكتبة؛ ففي مكتبة المسيحيِّ الملتزم، هي دليلٌ للتعمُّق في بعض أساسيَّات الإيمان المسلَّم مرَّةً إلى القدِّيسين. وفي مكتبة الباحث، هي مصدرٌ غنيٌّ لفَهْم هذه الأساسيَّات دون اللجوء إلى مصادرَ تفتقرُ إلى الموثوقيَّة؛ حيث إنَّ كلَّ موضوعٍ مبنيٌّ على أساسٍ كتابيٍّ صريحٍ وثابت. وفي مكتبة المسيحي غير الإنجيليّ، هي تفسيرٌ سَلِسٌ وواضحٌ لهذه العقائد الإنجيليَّة لا يتركُ مجالًا لما يُشاع من مُغالاطات أو تأويلات.

وتكمنُ أهمِّيَّة السلسلة أيضًا في المواضيع التي تعالجها؛ فمَوضوعا المعموديَّة والعشاء الربَّانيِّ عقائديَّان بامتياز يشرحان بتجرُّد وسندٍ كتابيٍّ عقائدَ فيها آراء مختلفة. وقد يكونُ جزءٌ من هذا التباين في الآراء عائدًا إلى عدم وضوح التعليم الإنجيليِّ من جهة، وعدم التعاطي بحرِّيَّةٍ وقبولٍ مع الرأي الآخر من جهةٍ أُخرى. أمَّا المواضيع الأخرى فتُعنى بشؤون الكنيسة وترتيباتها الداخليَّة، من قيادة الكنيسة إلى سُلطة الرعيَّة وفهم التأديب الكنسيّ.

في كلِّ الحالات، تأتي "سلسلة أساسيات الكنيسة" لتسدَّ ثغرةً في المكتبة المسيحيَّة، وتضعَ بين يدَي القارئ مصدرًا يُغني حياتَه الروحيَّة وفكرَه وفهمَه لهذه المسائل في إطارِ كتابٍ صغيرِ الحجم تسهلُ قراءتُه في وقتٍ قصير.

هذه كتبٌ لا بدَّ منها.

القس تشارلي قسطه

رئيس مجمع الكنائس المعمدانيَّة الإنجيليَّة في لبنان

مقدِّمة

أهلًا وسهلًا بك في هذا الكتاب الموجز عن المعموديَّة، بل يمكنني حتَّى أن أُسمِّيه كُتيِّبًا. سمِّه ما شئت. والآن، هلَّا تدخل وتتفضَّل بالجلوس لآخذك في جولة استطلاعيَّة قبل أن نبدأ؟

لكن في البداية، اسمح لي أن أُخبرك القليل عنك، أو على الأقلِّ، من أتوقَّع أن تكون. لو كنَّا نتعارف شخصيًا لكنتُ قد سألتك أن تعرِّفني بنفسك، لكن لأنَّ الوسط الوحيد هنا هو هذا الكتاب، قد يكون الخيار الأفضل أن أُخمِّن. وأفضلُ تخمينٍ لديَّ هو أنَّ ثلاثة أنواع من الناس سيقرأون هذا الكتاب، وثلاثتهم مسيحيُّون.

أمَّا إن لم تكُن مسيحيًا، فيسرُّني أنَّك وجدت هذا الكتاب، لكنَّ هناك عددًا من الكتب عن المسيحيَّة أنصحك بقراءتها أوَّلًا. ابدأ بأسفار العهد الجديد، وكتاب غريغ غيلبرت بعنوان "**من هو يسوع المسيح؟**". كما أحثُّك على التحدُّث إلى صديقٍ مسيحيٍّ لعلَّه يرشدك إلى فهم الكتاب المقدَّس ومعنى اتِّباع يسوع المسيح.

وعلى أيٍّ حالٍ، أتوقَّع أن يكون النوع الأوَّل ممَّن قد يقرأ هذا الكتاب مؤمنًا بيسوع المسيح لم يتعمَّد بعد، لكونك لا تعرف ما تعنيه المعموديَّة بالتمام، أو قد تعرف معناها لكنَّك لا تعرف تمامًا سبب حاجتك إليها. أو قد تكون متردِّدًا نحو حقيقة المعموديَّة التي سبق ونلتها، وتظنُّ أنَّ اعترافك بالإيمان حين نلت المعموديَّة في طفولتك قد لا يكون حقيقيًّا. أعلَم أنَّ هذا الكُتيِّب سيعالج جميع هذه الأسئلة، لأنَّني أهدِف أن يُقنعك هذا الكتاب إذا كنتَ مسيحيًّا ولم تتعمَّد قطُّ بالإقدام على الأمر.

النوع الثاني ممَّن أتمنَّى لهم أن يقرأوا هذا الكتاب: مسيحيُّون مهتمُّون بتعلُّم المزيد عن المعموديَّة. لا بُدَّ أنَّ عددًا منكم ما زال موجودًا مهما كان قليلًا. وأعتقد أنَّكم تعمَّدتم مُسبقًا، لكنَّكم تريدون التفكُّر أكثر في هذه الوصيَّة التي أوصاها المسيح لكنيسته، ولربَّما تريدون أن تتحسَّنوا أكثر في شرح المعموديَّة للمؤمنين الجُدد أو غير المؤمنين. أرجو أن يوفِّر هذا الكتاب أجوبةً كتابيَّة للأسئلة التي تراودكم، بل أجوبةً لأسئلةٍ لم تراودكم بعد وينبغي لكم أن تطرحوها.

أمَّا النوع الثالث الذي أتوقَّع أن يقرأ هذا الكتاب فهو قائدٌ في الكنيسة، وخصوصًا الرعاة. فبنعمة الله، غالبًا ما يجد الرعاة أنفسهم يعمِّدون مؤمنين جددًا، كما يجدون أنفسهم يؤثِّرون بكنائسهم تأثيرًا قويًّا من جهة كيفيَّة مُمارسة الكنيسة للمعموديَّة ومفهومها للمعموديَّة الصحيحة. مع هذا، يمثِّل الرعاة نموذجًا لكنائسهم من نحو اشتراط الكنيسة للمعموديَّة على الراغبين في الانضمام إلى الكنيسة، وهو أمرٌ يزدادُ جدليَّةً يومًا عن يوم.

لا أتوقَّع منك أن تتَّفق مع كلِّ ما في هذا الكتاب؛ فهناك الكثير من المسائل هنا التي يختلف عليها المسيحيُّون، إلَّا أنَّني أرجو أن تجده مَرجعًا

مفيدًا لأعضاء كنيستك حتَّى مع نقاط الاختلاف في الرأي بيني وبينك. وما أدراك؟! قد ينتهي بنا المطاف بأن أُقنعك! لقد انتفعتُ كثيرًا من إعطاء أعضاء الكنيسة كُتبًا حتَّى إن كانت لا تتوافق بالتمام مع قناعاتي؛ فعلى الأقلِّ، يحفِّزهم هذا على التفكير في الموضوع المقصود.

لذا كتبتُ الكتاب والأنواع الثلاثة في خاطِري، وفيه أجبتُ عن عدد من الأسئلة. بدايةً، سنجيب عن سؤال "ما المعموديَّة؟" في الفصل الأوَّل. أمَّا الفصل الثاني فيُجيب عن "من ينبغي أن يتعمَّد؟". ويقيِّم الفصل الثالث تعميد الأطفال تقييمًا كتابيًّا. كما أُبيِّن في الفصل الرابع أنَّ الكتاب المُقدَّس يعُدُّ المعموديَّة -أي معموديَّة المؤمن- متطلَّبًا لعضويَّة الكنيسة. ويعالج الفصل الخامس بعض الحالات التي يعدُّها المسيحيُّون "معموديَّة" مع أنَّها ليست ذلك. ونهايةً، يقدِّم الفصل السادس بعض التوجيهات العمليَّة للكنيسة حول كيفيَّة تعميد المؤمنين.

يجدر ذكرُ أنَّني كتبت كتابًا مطوَّلًا بعنوان **"على الملأ: لماذا تُطلب المعموديَّة لعضويَّة الكنيسة؟"**

Going Public: Why Baptism Is Required for Church Membership [B&H, 2015]

قبل كتابة هذا الكتيِّب. ويخاطب هذا الكتاب المطوَّل قادة الكنيسة بصورةٍ مباشرة، كما يركِّز على السؤال المُدرج في العنوان الفرعيِّ تركيزًا صِرفًا. ولقد استعرت في هذا الكُتيِّب من ذلك الكتاب كثيرًا في الفصل الثالث، ونسبيًّا في الفصل الخامس، وبانتقاء في الفصول الأُخرى. أشكر الناشر على السماح لي بهذه الاستعارة.

وأشكرك، عزيزي القارئ، على تكريس وقتٍ لقراءة هذا الكُتيِّب، وأُصلِّي أن يساعدك في اتِّباع المسيح يسوع ومساعدة الآخرين في الأمر ذاته.

الفصل الأوَّل

ما المعموديَّة؟

ماذا ستفعل لو كنت تسترخي في بركة سباحة وباغتك صديقك فجأة من الوراء ودفعك تحت الماء؟ من الممكن أن تُسامحه؛ وما هذه إلَّا ردَّة فعل مسيحيَّة بحتة، أو قد ترُدَّ له المثل، أو من المُمكن حتَّى أن تصعِّد المسألة وتنتظر إلى أن يخرج صديقك من البركة ويجفَّ حتَّى تنقضَّ عليه وترميه في البركة مُجدَّدًا. فماذا ستفعل؟

دعني أقترح عليك موقفًا آخر: ماذا لو باغتك صديقك ودفعك تحت الماء وقال: "إنِّي أُعمِّدك..."؟ أظنُّ أنَّك ستنظر إلى ما فعله صديقك لكونه غير صحيح، هذا إلى جانب كونه غريبًا، مهما كان فهمك للمعموديَّة محدودًا؛ فإنَّك لم تتعمَّد، بل غُرِّقت فقط.

لكن ماذا يتطلَّب تحويل هذا التغريق إلى معموديَّة؟ لا شكَّ أنَّ عامل المفاجأة ينبغي أن يُزال، لتُشارك في الحدث طوعًا وعلى أكمل دِراية. لكن ألا تُعمِّد بعض الكنائس الرُّضَّع؟ والأطفال لا يصدِّقون بالضرورة على تعميدهم. ماذا عمَّن يقوم بالتغطيس؟ هل ينبغي أن يكون صديقك قَسًّا راعيًا؟ وهل ينبغي أن يكون هذا في مبنى كنيسة بدل بركة سباحة؟

المعموديّة هي...

يجيب هذا الفصل عن سؤال: "ما المعموديّة؟"، وسأبدأ بشرح الفهم الكتابيِّ للمعموديّة والدفاع عنه، ثمَّ سأستعرض ما يتنافى مع مفهوم المعموديَّة. وإن كنت تتحاشى المعموديَّة لكونك لست متأكِّدًا من معناها، أرجو أن يقطع هذا الفصل الشكَّ باليقين ويسهِّل الطريق أمامك لتطيع وصيَّة المسيح بالمعموديَّة.

هيَّا بنا إذًا: **المعموديَّة هي عملٌ تؤدِّيه الكنيسة لتؤكِّد وحدة مؤمنٍ ما بالمسيح وتصوِّرها بتغطيسه في الماء، وهي عمليَّةُ التزام المؤمن علنيًّا نحو المسيح وشعبه، وبذلك يتَّحد المؤمن بالكنيسة ويُفرَز عن العالم.** لنتفحَّص هذا التعريف عبارة بعبارة ونكتشف كيفيَّة انبثاق كُلٍّ منها من الكتاب المُقدَّس.

عملٌ تؤدِّيه الكنيسة

تُعدُّ المعموديَّة عملًا خاصًّا بالكنيسة.[١] فكِّر أوَّلًا في حقيقة أنَّ المعموديَّة أمرٌ يعمله شخصٌ ما بآخر؛ أي أنْ لا أحد يعمِّد نفسه بنفسه، فلا بُدَّ أن يشترك طَرَفان في الأمر. لذا يصرِّح وجودُ كلٍّ من الطرفين بحقيقةٍ ما للآخر وللعالم من حولهما.

يعتقد الناس اليوم أنَّ المعموديَّة رمزٌ يختار الأفراد وضعه على أنفسهم بقرارٍ فرديٍّ، وكأنَّها سترة يشترونها من السوق ويلبسونها علنًا. فتُصبح هويَّة من يُعمَّد دون أهميَّة، حاله حال بائع السترة عند الدفع. ويُظَنُّ أنَّ أيَّ مسيحيٍّ يمكنه أن يُعمِّد في أيِّ مكانٍ، بادِّعاء أنَّ المُعمَّد، لا المُعمِّد، محطُّ التركيز في هذه الحالة. وهكذا ينصبُّ التركيز على الفرد ليُقرِّر "وحده" أن يتعمَّد، ويعلن

على الملأ "وحده" أنَّه "وحده اتَّحد بيسوع". كما يُنظر إلى فيلبُّس والخصيِّ الحبشيِّ في سفر أعمال الرسل ٨، بصفته نموذجًا لهذا، باعتقاد أنَّ الخصيَّ طلب المعموديَّة من فيلبُّس واستجاب فيلبُّس لطلبه. لكن هل الأمر بهذه البساطة؟

الحقيقة هي أنَّ العهد الجديد يصوِّر صورةً أكمل من ذلك، وما جاء في سفر أعمال الرسل ٨ هو استثناء للقاعدة، لا القاعدة نفسها. وعليك البدء بسفر متَّى ١٦، ١٨، لا بسفر أعمال الرسل، حيث أعطى يسوع المسيح الرسلَ أوَّلًا مفاتيح الملكوت ليمرِّروها إلى الكنائس المحلِّيَّة تاليًا. إذ إنَّ مفاتيح الملكوت هذه ليُربَط على الأرض ما رُبط في السماء، وليُحلَّ على الأرض ما حُلَّ في السماء. ويعني هذا أنَّ الرسل والكنائس مجتمعةً يمتلكون السلطة للإعلان عن تصريحٍ أو قرار ما بالنيابة عن يسوع المسيح. فكِّر في ما يعمله القاضي حينما يطرق بمطرقته على المنصَّة؛ فالقاضي لا يكتب القانون، بل ينظر إليه وينظر إلى الأدلَّة، ثمَّ يُصرِّح علنيًّا بقرارٍ مُلزِم.

وقد أعطى يسوع الكنائسَ مُجتمعة هذا السلطان المشابه لسلطان القاضي بالتصريح رسميًّا بأمرٍ ما، ولم يعطه للمسيحيِّين أفرادًا. لاحظ ما قاله في متَّى ١٨: ٢٠: "لأَنَّهُ حَيثُما اجتَمَعَ اثنانِ أو ثَلاثَةٌ باسمي فهناكَ أكونُ في وسطِهِمْ". لا يقصد يسوع هُنا المجموعات البيتيَّة الصغيرة، ولا يعني بحضوره في وسطهم اختبارًا تصوُّفيًّا أو حالةً روحانيَّة، بل إن قرأت سياق النصِّ (وخصوصًا العددان ١٨-١٩)، ستجد أنَّ يسوع يقول إنَّ سلطانه السماويَّ عُهِد إلى الكنائس مُجتمعة. فالكنيسة هي اجتماعُ اثنين أو ثلاثة على الأقلِّ ممَّن يشهدون لاسم المسيح. ويحضُر المسيح لدى مجموعات ليوكِّلهم بالتكلُّم باسمه.

نحتاج إلى هذا كلِّه لنستوعب أيضًا ما جاء في الإرساليَّة العظمى في سفر متَّى ٢٨ حيث يُذكِّرنا يسوع أوَّلًا أنَّ له دُفع كلُّ سلطانٍ في السماء وعلى الأرض (عدد ١٨)، ثُمَّ يوكِّل تلاميذه بالمعموديَّة والتلمذة باسم الآب وإيَّاه والروح القدس (عدد ١٩)، وبعدها يعهد إليهم تعليم كلِّ ما أوصى به، ما يتحقَّق في خدمة التعليم الخاصَّة بالكنيسة المحلِّيَّة (العدد ٢٠). ونهايةً، يؤكِّد لهم حضوره الذي يمنح السلطان للكنيسة بقوله: "وها أنا معكُمْ كُلَّ الأيّامِ إلَى انقِضاءِ الدَّهرِ" (عدد ٢٠). وهكذا، شمل يسوع المسيح في نصِّ الإرساليَّة العُظمى في سفر متَّى ٢٨ الأحكام والتوكيلات الموجودة في الإصحاحين ١٦ و١٨ من السفر نفسه؛ فيسوع لم ينسَ ما قاله في الإصحاحين السابقين حين قال ما قاله في الإصحاح الأخير، وعلينا ألَّا ننسى ذلك أيضًا.

ويبقى السؤال: من له السلطة أن يُعمِّد؟ أيُّ مسيحيٍّ كان؟ لِنقُل إنَّك إن كنت في إرساليَّة تبشيريَّة حيث لا يوجد مسيحيٌّ آخر. في هذه الحالة، لا اختيار لديك، تولَّى أمر المعموديَّة بنفسك؛ فحيث لا توجد كنيسة، أنت الكنيسة هناك. وما جاء في سفر أعمال الرسل ٨ يعمل عمل نموذج لتتبعه في هذه الحالة. لكن تذكَّر في الوقت نفسه أنَّ يسوع وصل بكلِّ وضوحٍ ما بين حضوره الذي يمنح السلطة والكنيسة؛ أي اثنين أو ثلاثة (أو مئتين أو ثلاثمئة) مجتمعين باسمه. لذا ينبغي أن يكون للكنيسة عادةً السلطة لتعمِّد، ومع أنَّ واحدًا من الكنيسة يتولَّى ذلك، فإنَّه يعمل عمل مُمثِّلٍ عن الكنيسة، إذ إنَّ المعموديَّة عملٌ خاصٌّ بالكنيسة كلِّها.

هذا لا يعني أنَّ للكنيسة سلطة منع أحدهم من أن يتعمَّد رغم وجود علامات الإيمان فيه (لاحظ أعمال الرسل ١١: ١٧-١٨)، لكنَّه يعني أنَّ من

الطبيعيّ أن يُؤخذ إجماعُ الكنيسة في الحسبان، فليس المُعمَّد وحده من يُصرِّح علنًا عن الأمر، بل المُعمِّد أيضًا يُصادق ويصرِّح علنًا، فيُسجَّل هذا "رسميًّا" في الأرض كما في السماء. وهذا يأتي بنا إلى النقطة التالية.

لتؤكِّد وحدة مؤمنٍ ما بالمسيح وتصوِّرها

ما الذي تصرِّح به الكنيسة تحديدًا بالمعموديَّة؟ تؤكِّد الكنيسة اعتراف مؤمنٍ ما بإيمانه بالمسيح، وتؤكِّد قدر ما أمكنها تمييز ذلك أنَّ هذا الذي يدَّعي اتِّحاده بالمسيح في موته وفي قيامته هو حقًّا متَّحدٌ به، كما أنَّها تختم ختمًا منظورًا وعلنيًّا على حقيقة روحيَّة مخفيَّة.

يوحِّدنا الإيمان بالمسيح لنختبر جميع بركات موته وقيامته، أمَّا المعموديَّة فتدلُّ على هذا بصورة منظورة. فكِّر في النصوص الكتابيَّة التالية:

> أم تجهَلونَ أنَّنا كُلَّ مَنِ اعتَمَدَ ليَسوعَ المَسيحِ اعتَمَدنا لموتِهِ، فدُفِنّا معهُ بالمَعموديَّةِ للموتِ، حتَّى كما أُقيمَ المَسيحُ مِنَ الأمواتِ، بمَجدِ الآبِ، هكذا نَسلُكُ نَحنُ أيضًا في جِدَّةِ الحياةِ؟
>
> (رومية ٦: ٣-٤)

> ولكن بَعدَ ما جاءَ الإيمانُ، لَسنا بَعدُ تحتَ مؤَدِّبٍ. لأنَّكُمْ جميعًا أبناءُ اللهِ بالإيمانِ بالمَسيحِ يَسوعَ. لأنَّ كُلَّكُمُ الَّذينَ اعتَمَدتُمْ بالمَسيحِ قد لَبِستُمُ المَسيحَ.
>
> (غلاطيَّة ٣: ٢٥-٢٧)

المعموديَّة علامة على تطبيق رسالة الإنجيل؛ أي إنَّها علامة تدلُّ على ترك هذا الشخص خطاياه واتِّحاده بالمسيح بالإيمان. كما أنَّ المعموديَّة لا تؤكِّد هذه الوقائع فحسب، إنَّما تصوِّرها أيضًا. فكِّر في موت المسيح ودفنه وقيامته، ولاحظ كيف ترسم المعموديَّة علنًا اتَّحاد شخص ما في موت المسيح ودفنه وقيامته بينما يُدفن هذا الشخص تحت الماء ويُقام منها.

ولأنَّ المعموديَّة تصوِّر اتِّحادنا بالمسيح، فإنَّها تصوِّر مع ذلك منافع هذا الاتِّحاد؛ ففي المسيح، غُفرت خطايانا وتطهَّرنا منها. وهكذا تُشير المعموديَّة إلى الأمرين معًا. لهذا قال بطرس للحشود المجتمعة يوم الخمسين: "توبوا وليَعتَمِدْ كُلُّ واحِدٍ مِنكُمْ علَى اسمِ يَسوعَ المَسيحِ لغُفرانِ الخطايا" (أعمال الرسل ٢: ٣٨). وقال حنانيًا لبولس الذي اهتدى إلى الإيمان حديثًا: " قُمْ واعتَمِدْ واغسِلْ خطاياكَ داعيًا باسمِ الرَّبِّ" (أعمال الرسل ٢٢: ١٦). إضافةً إلى ذلك، نختبر بالمسيح حياةً جديدة يقوِّيها الروح القدس، حيث تصوِّر القيامة في المعموديَّة هذه الحياة الجديدة (رومية ٦: ٤؛ كولوسِّي ٢: ١١-١٢). وبهذا كلِّه، تؤكِّد الكنيسة بأنَّ ذلك الذي اعترف بإيمانه في المسيح متَّحدٌ به حقًّا، وتصوِّر ذلك الاتِّحاد ومنافعه بطريقةٍ مؤثِّرة.

بتغطيسه في الماء

كيف تؤكِّد كنيسة ما اتِّحاد شخصٍ ما بالمسيح وتصوِّره للعيان؟ بتغطيسه في الماء. تعني الكلمة اليونانيَّة "بابتيزو" التي تُترجم إلى "معموديَّة" حرفيًّا: أن يغمس في الماء أو يغوص فيه وما ينجم عنه من غمرٍ كُلِّيٍّ. ويصوِّر لنا العهد الجديد باستمرار المعموديَّة لكونها تغطيسًا؛ فيُخبرنا عن يوحنَّا المعمدان

الذي عمَّد "في عَينِ نونٍ بقُربِ ساليمَ، لأنَّهُ كانَ هناكَ مياهٌ كثيرَةٌ" (يوحنَّا ٣: ٢٣)، ولا دليلَ على أنَّ المعموديَّة التي قام بها تلاميذ المسيح تطلَّبت ماءً أقل من ذلك.

علاوة على ذلك، قال الخصيُّ الحبشيُّ لفيلبُّس عندما آمن بالمسيح بينما ركب عربته: "هوذا ماءٌ. ماذا يَمنَعُ أنْ أعتَمِدَ؟" (أعمال الرسل ٨: ٣٦). كما نقرأ فضلًا عن ذلك: "فأمَرَ أنْ تقِفَ المَركَبَةُ، فنَزَلا كِلاهُما إلَى الماءِ، فيلُبُّسُ والخَصيُّ، فعَمَّدَهُ. ولَمّا صَعِدا مِنَ الماءِ، خَطِفَ روحُ الرَّبِّ فيلُبُّسَ، فلَمْ يُبصِرهُ الخَصيُّ أيضًا، وذَهَبَ في طريقِهِ فرِحًا" (أعمال الرسل ٨: ٣٨-٣٩). فيبدو أنَّ المعموديَّة تَطلَّبت ماءً أكثر ممَّا قد أُتيح لديهم في العربات، ما دفع بهم إلى النزول إلى الماء.

ونهايةً، ينمُّ وصفُ بولسَ للمعموديَّة التي يُصَوَّر فيها موت المؤمن مع المسيح ودفنه وقيامته معه على كون المعموديَّة غمرًا في الماء (رومية ٦: ١-٤). وبهذا تُحاكي المعموديَّة بصورة ملموسة الدفن والقيامة مُستعرضةً اتِّحادنا بالمسيح بموته هو وقيامته. فنستنتج أنَّ الكنيسة تؤكِّد اتِّحاد مؤمن ما بالمسيح وتصوِّر حقيقة ذلك بتغطيسه في الماء وغمره فيها.

هي عمليَّةُ التزا م المؤمن

وبالطبع، ليست المعموديَّة عملًا تقوم به الكنيسة فقط، بل يعملها المؤمن أيضًا؛ فالكنيسة تُعمِّد، والمؤمنُ يُعمَّد. لاحظ استجابة هؤلاء الذين سمعوا عِظَة بطرس في يوم الخمسين:

فلَمّا سمِعوا نُخِسوا في قُلوبِهِمْ، وقالوا لبُطرُسَ ولِسائرِ الرُّسُلِ: "ماذا نَصنَعُ أيُّها الرِّجالُ الإخوَةُ؟". فقالَ لهُمْ بُطرُسُ: "توبوا وليَعتَمِدْ كُلُّ واحِدٍ مِنكُمْ علَى اسمِ يَسوعَ المَسيحِ لغُفرانِ الخطايا، فتقبَلوا عَطيَّةَ الرّوحِ القُدُسِ. لأنَّ المَوْعِدَ هو لكُمْ ولأولادِكُمْ ولِكُلِّ الّذينَ علَى بُعدٍ، كُلِّ مَنْ يَدعوهُ الرَّبُّ إلهنا"... فقَبِلوا كلامَهُ بفَرَحٍ، واعتَمَدوا، وانضَمَّ في ذلكَ اليومِ نَحوُ ثَلاثَةِ آلافِ نَفسٍ.

(أعمال الرسل ٢: ٣٧-٣٩، ٤١)

تعمَّد هؤلاء الذين تابوا عن خطاياهُم ووضعوا ثقتهم في المسيح؛ إذ إنَّ المعموديَّة أوَّلُ عملِ إيمانٍ علنيٍّ يُقبَلُ فيه المسيح ربًّا ومُخلِّصًا. إذا كُنت مسيحيًّا، إعلم أنَّ يسوع يوصيك بأن تتعمَّد؛ وهو ما يجب عليك أنت أن تفعله، إذ لا أحد غيرك يمكنه فعل ذلك بالنيابة عنك.

هذا، إضافة إلى أنَّ المعموديَّة ليست لغير المؤمنين؛ إذ إنَّها تؤكِّد على اتِّحاد المؤمن بالمسيح وتصوُّره. لذا لا يُمكن لمن لم يتَّحد بالمسيح بالإيمان القيام بها.

التزام المؤمن علنيًّا نحو المسيح

ما الذي يفعله المؤمن في المعموديَّة؟ إنَّه يعهد بنفسه إلى المسيح علنيًّا؛ وكأنَّ المعموديَّة مكان تسجيل نفسك في دائرة المسيحيِّين. المعموديَّة وسيلة تعترف فيها بإيمانك بالربِّ يسوع المسيح وبخضوعك له علنيًّا.

يأمُرنا الكتاب المُقدَّس أن نلتفت نحو يسوع المسيح عند تجاوبنا مع رسالة الإنجيل التفاتًا داخليًّا وخارجيًّا؛ إذ يُفصح ما هو خارجيٌّ عمَّا هو داخليٌّ. وهكذا تجري المعموديَّة: في العلن وأمام شهودٍ. لاحظ الذين تابوا واعتمدوا يوم الخمسين؛ كلُّ الذين تقدَّموا من الجمْعِ ليتعمَّدوا وسمُّوا أنفسهم أتباعًا ليسوع الناصريِّ.

وهذا بالضبط ما يُريده يسوع: أتباعًا يميِّزهم الجميع. "فكُلُّ مَنْ يَعتَرِفُ بي قُدّامَ النّاسِ أعتَرِفُ أنا أيضًا بهِ قُدّامَ أبي الّذي في السماواتِ، ولكن مَنْ يُنكِرُني قُدّامَ النّاسِ أُنكِرُهُ أنا أيضًا قُدّامَ أبي الّذي في السماواتِ " (متَّى ١٠: ٣٢-٣٣). ليس هناك ما يُسمَّى أتباعًا سرِّيِّين ليسوع، إذ من يتبع يسوع يتبعه في العلن وعلى مرأى من الجميع. وبالمعموديَّة نُعلن أنفسنا، أمام الكنيسة والعالم، مُلكًا ليسوع الذي يُريد أن يُسلِّط الضوء على أتباعه ليراه العالم مُصوَّرًا فيهم. بالمعموديَّة، نقف تحت هذا الضوء.

إن شعرت بالقلق إزاء المجاهرة بإيمانك، انظر إلى المعموديَّة لكونها نوعًا من المساعدة لا مُعطِّلًا ما؛ فيسوع لم يترك الأمر إلى شجاعتك أو إبداعك لتُعلن أنَّك صرت مسيحيًّا، بل بيَّن لك وسيلةَ ذلك ويسَّرها لك. كلُّ ما عليك فعله هو الاعتراف بإيمانك بالمسيح ودفع نفسك إلى الوراء بخفَّة بينما تحبس أنفاسك.

لكنَّ المعموديَّة ليست مُجرَّد الإفصاح عن التزامٍ جرى مُسبقًا، إذ إنَّها هي عمليَّة التزام ذاتها. وكتب لنا بطرس عن نوح وعائلته الذين نجوا بواسطة مياه الدينونة مصوِّرًا نوعًا من المقارنة: "الّذي مِثالُهُ يُخَلِّصُنا نَحنُ

الآنَ، أيِ المَعموديَّةُ. لا إزالَةُ وسَخِ الجَسَدِ، بل سؤالُ ضَميرٍ صالحٍ عن اللهِ، بقيامَةِ يَسوعَ المَسيحِ" (١ بطرس ٣: ٢١). وبقوله إنَّ المعموديَّة "تخلِّصنا"، يوضِّح أنَّ الذي يخلِّصنا ليس غسل الماء نفسه، بل الإيمان الذي تعبِّر عنه المعموديَّة، حيث تعطي قيامة المسيح القوَّة لهذا الإيمان، إذ إنَّ إيماننا ليس فيه قدرة أو فضيلة من ذاته. وفي الحقيقة، نحن بإيماننا نتمسَّك بالمسيح المُقام.

وقَد تُفهم عبارة "سؤالُ ضَميرٍ صالحٍ" كتوسُّل أو وعدٍ أو الاثنين معًا. وأعتقد أنَّهما معنيَّان في المعموديَّة حتَّى لو ركَّز هذا العدد الكتابيُّ على واحدة أكثر من الأخرى. فالمعموديَّة توسُّلٌ وصلاةٌ يرفع فيها الإيمان صوته طالبًا: "خلِّصني، أيُّها الربُّ يسوع!". وبالتشابه بالمسيح في موته وقيامته، يُصرِّح المؤمن علنيًّا أنَّ المسيح مُخلِّصٌ له، سائلًا الله أن يُفي بوعده بالخلاص.

والمعموديَّة وعدٌ بأنَّك تتعهَّد علنيًّا بالخضوع للمسيح ربًّا؛ إذ يعني أن تتعمَّد باسم المسيح (متَّى ٢٨: ١٩)، أن تخضع لسلطانه. المعموديَّة عهد ولاءٍ ليسوع الملك، وتصريحٌ علنيٌّ بالإخلاص له. وبهذا المفهوم، تُعدُّ المعموديَّة وعدًا بطاعة جميع وصايا المسيح وكأنَّ المُعمَّد يوَقِّع أسفل بند "أنْ يَحفَظوا جميعَ ما أوصَيتُكُمْ بهِ" (متَّى ٢٨: ٢٠)؛ إذ لا يُمكنك أن تقبل المسيح مُخلِّصًا دون أن تهابه ربًّا. وهكذا نحمل بالمعموديَّة النير الهيِّن؛ أي صليبنا، إذ نسير في خُطى يسوع.

بالمعموديَّة، يُكشف عن إيمانك للملأ، كما عندما تلبس قميص الفريق الذي تلعب في صفِّه وتخرج إلى الملعب أمام الجماهير. المعموديَّة هي الطريقة التي يُعلن فيها المؤمن التزامه بالمسيح، باحتضانه مُخلِّصًا واتِّباعه سيِّدًا، على مرأىً ومسمعٍ من الجميع.

وشعبه

لا يَعهَد المؤمن بنفسه إلى المسيح فقط بالمعموديَّة، وإنَّما يعهد بنفسه إلى شعب المسيح أيضًا. لنتذكَّر مجدَّدًا ما حدث في يوم الخمسين: "فقَبِلوا كلامَهُ بفَرَحٍ، واعتَمَدوا، وانضَمَّ في ذلكَ اليومِ نَحوُ ثَلاثَةِ آلافِ نَفسٍ" (أعمال الرسل ٢: ٤١). لمن انضمَّ هؤلاء؟ انضمُّوا إلى الكنيسة في أورشليم التي كان عدد أعضائها سابقًا مئة وعشرين (أعمال الرسل ١: ١٥). وتقدَّم هؤلاء الذين تعمَّدوا في يوم الخمسين إلى الأمام تاركين العالم خلفهم ومنضمِّين إلى الكنيسة، وهذا حالُ من تعمَّد اليوم، أو على الأقلِّ هذا ما ينبغي أن يكون حاله.

أن نثق بيسوع المسيح يعني أن ننضمَّ إلى جميع من يثقون به، وأن نقبله يعني أن نقبل شعبه؛ فالإنجيلُ لا يُصالحنا مع الله فقط (أفسس ٢: ١-١٠)، بل يصالحنا بعضنا مع بعض أيضًا (أفسس ٢: ١١-٢٢). وأن ندعو الله "أبانا" يعني أن نحتضن جميع من يدعونه أبًا معنا بصفتهم إخوة وأخوات. وأن نتَّحد بالمسيح يعني أن نصير جزءًا من جسده (١ كورنثوس ١٢: ١٢-٢٦؛ أفسس ١: ٢٣؛ كولوسِّي ١: ١٨؛ ١ بطرس ٢: ١٠).

ولهذا، فبالمعموديَّة يُلزم المؤمن نفسه إلى المسيح وشعبه، وكأنَّك تلبس قميص الفريق لا ليعرف الجماهير فقط في صفٍّ من تقف، لكن لتلعب أيضًا مع باقي أعضاء الفريق. وبالمعموديَّة تخرج من العالم وتدخل الكنيسة، حيث لا يوجد موضع متوسِّط تتَّحد فيه بالمسيح دون أن تنضمَّ إلى الكنيسة في الوقت ذاته، فاتِّحادك بالمسيح هو اتِّحادك بشعبه لا مُحال. وفي النتيجة، المعموديَّةُ التزامٌ نحو اتِّباع المسيح برفقة كنيسته، حيث يلتزم المسيحيُّ أن يُحبَّ شعب المسيح ويخدمه ويخضع له.

وبذلك يتَّحد المؤمن بالكنيسة ويُفرَز عن العالم

في المُقابل، تلتزم الكنيسة بدورها التزامًا مُماثلًا تجاه المؤمن؛ فالمعموديَّة تحاكي التزام المؤمن الذي مفاده: "أعهد بنفسي بموجب هذه المعموديَّة إلى المسيح وإليكم، بصفتكم شعبه"، بينما تحاكي التزام الكنيسة الذي مفاده: "وبموجب هذه المعموديَّة نُصدِّق على اعترافك ونعهد بأنفسنا إليك، بصفتك عضوًا في جسد المسيح". ففي المعموديَّة، يُخاطب المؤمن الله والكنيسة، بينما تُخاطب الكنيسة المؤمنَ بالنيابة عن الله.

لذا، عندما تؤكِّد الكنيسة اتِّحاد مؤمن ما بالمسيح وتصوِّر هذا الاتِّحاد، وعندما يعهد المؤمن بنفسه إلى المسيح وشعبه، يتَّحد هذا المؤمن بالكنيسة ويُفرَز عن العالم، وكأنَّه يُضاف إلى لائحة اللاعبين ويُمنح قميص الفريق ليلبسه. تُعرِّف المعموديَّة بصورة علنيَّة من يتعمَّد بأنَّه صار مسيحيًّا. وبالمعموديَّة، تصرِّح الكنيسة إلى العالم قائلة: "انظروا هُنا! هذا صار مُلكًا للمسيح!". ولأنَّ المعموديَّة تُعرِّف الشخص بصفته مسيحيًّا، فإنَّها تُبادر بضمِّه إلى شركة الكنيسة، بصفتها شعبَ العهد الجديد على الأرض الخاصَّ بالمسيح.

سنُفكِّر في موضوع عمليَّة توحيد المعموديَّة للمؤمن بالكنيسة وفرزه عن العالم بصورة أعمق في الفصل الرابع. أمَّا الآن، لنكتفِ تأكيد أنَّه بالمعموديَّة يعهد المؤمن بنفسه لا إلى المسيح فقط، بل إلى شعب المسيح أيضًا.

ليست المعموديَّة...

دعني أُقدِّم تعليقين فقط عمَّا لا يُعدُّ معموديَّة. أوَّلًا، المعموديَّة وحدها لا تُخلِّصك؛ فتذكَّر أنَّ بطرس في ١ بطرس ٣: ٢١ لمَّا قال إنَّ المعموديَّة تُخلِّص، لم يُشِر إلى الغسل بالماء مُجرَّدًا وكأنَّ فيه قوَّة كامنة، بل أشار إلى أنَّ المعموديَّة تُعبِّر عن الإيمان بقيامة المسيح القديرة. فنحن نخلُص بالثقة بموت المسيح وقيامته، أمَّا المعموديَّة فهي حيثُ يُصرَّح عن هذه الثقة علنًا.

الكتاب المقدَّس واضحٌ بأنَّه **بالإيمان** تُغفر خطايانا ونُحسَبُ أبرارًا ونُصالح مع الله (رومية ٣: ٢١-٣١؛ ٤: ١-٨؛ ٥: ١-١١). المعموديَّة تُظهر هذه الحقائق جميعها، لكنَّها لا تصنعها. وإذ أُوصي المؤمنون بأن يتعمَّدوا، يظهر صدق إيماننا في طاعتنا لوصايا المسيح هذه (يوحنَّا ١٤: ٢١-٢٤؛ يعقوب ٢: ١٤-٢٦؛ ١ يوحنَّا ٢: ٣-٦). لذا يجب ألَّا ينسحب أيُّ مسيحيٍّ من المعموديَّة بحُجَّة أنَّها "ليست ضروريَّة للخلاص"؛ فإن كُنتَ مُخلَّصًا، المعموديَّةُ بُرهانٌ ضروريٌّ. وفي الوقت ذاته، لا تضمن المعموديَّة خلاصك؛ فاللِّصُّ على اليمين نال الخلاص من دونها (لوقا ٢٣: ٣٩-٤٣) وسيمون الساحر راح باتِّجاه الهلاك معها (أعمال الرسل ٨: ١٣-٢٤).

ثانيًا، يجب علينا أن نعترف بحقيقة أنَّ المعموديَّة ليست مجرَّد تقليدٍ بشريٍّ، إذ لم تخترعها الكنيسة، ولم يقُم بها المسيحيُّون لمجرَّد القيام بها فنعزف عنها متى ما يحلو لنا. إنَّما المعموديَّة وصيَّة أوصى بها المسيح يتحتَّم على جميع المؤمنين طاعتها في كلِّ زمانٍ ومكان.

التالي

لنرجع إلى صديقك الذي دفعك تحت الماء مباغتةً. هل يُعدُّ دفعك تحت ماء بركة السباحة بصورةٍ مُباغتة معموديَّة؟

كلَّا. وأرجو أن يكون لديك صورة كتابيَّة واضحة عن ماهيَّة المعموديَّة حتَّى لو كان لديك حدسٌ عن الجواب الصحيح لهذا السؤال في البداية. ففي المعموديَّة، أعطى المسيح تلاميذه طريقة فيها يصرِّحون بها علنًا أنَّهم له وأنَّه لهم، وأعطى الكنيسة إضافة إلى ذلك طريقةً علنيَّة ومُؤثِّرة لتأكيد اتِّحاد المؤمن به وتصوير هذا الاتِّحاد أمام الناس. وبهذا العمل ذي البُعدين، يلتزم المؤمن نحو الكنيسة، والكنيسة نحو المؤمن. المعموديَّة هي علامة تصوِّر اتِّحاد المؤمن بالمسيح، وتُفعِّل اتِّحادًا أُفُقيًّا جديدًا يُجمع فيه المؤمن بالكنيسة.

ما المعموديَّة؟ قُلها معي: **المعموديَّة هي عملٌ تؤدِّيه الكنيسة لتؤكِّد وحدة مؤمنٍ ما بالمسيح وتصوِّرها بتغطيسه في الماء، وهي عمليَّةُ التزام المؤمن علنيًّا نحو المسيح وشعبه، وبذلك يتَّحد المؤمن بالكنيسة ويُفرَز عن العالم.** ويقودنا هذا إلى السؤال التالي والفصل التالي: من ينبغي له أن يتعمَّد؟

الفصل الثاني

من ينبغي له أن يتعمَّد؟

هل تعدُّ نفسك مسيحيًّا؟ إن لم تعدَّ نفسك ذلك، فمع إنَّني مسرورٌ أنَّك تقرأ هذا الكتاب، أودُّ أن أُخبرك أنَّ المعموديَّة ليست أوَّلويَّتك الأولى؛ فما تحتاجه أوَّلًا هو أن تترك خطاياك وتثق بالمسيح ليخلِّصك.

لذا أفترض، بِمَّا أنَّ هذا الكتاب بين يديك، أنَّك على الأغلب تعترف بإيمانك بالمسيح. وعلى هذا الأساس أودُّ أن أسألك: هل تعمَّدت؟ لماذا؟ أو لماذا لم تتعمَّد؟

يطرح هذا الفصل سؤال: "من ينبغي أن يتعمَّد؟". والإجابة: "كلُّ مسيحيٍّ"، بلا استثناءات وبلا حالات خاصَّة وبلا "لكن" وبلا "ماذا لو...؟". وسأعرض عليك في هذا الفصل التكليف الكتابيَّ بالمعموديَّة، بينما أستعرض منافع المعموديَّة وأُجيب عن اعتراضات التعمُّد. ولأنَّ اعتراض "ماذا لو «تعمَّد» شخصٌ ما مُسبقًا لمَّا كان رضيعًا؟" يحتاج معاملة خاصَّة، فسيشغل فصلًا كاملًا خاصًّا به.

التكليف بالمعموديَّة

أمر يسوع تلاميذه، كما ناقشنا في الفصل السابق، أن يتلمذوا قائلًا: "دُفِعَ إِلَيَّ كُلُّ سُلطانٍ في السماءِ وعلَى الأرضِ، فاذهَبوا وتَلمِذوا جميعَ الأُمَمِ وعَمِّدوهُم

باسمِ الآبِ والاِبنِ والرّوحِ القُدُسِ. وعَلِّموهُم أنْ يَحفَظوا جميعَ ما أوصَيتُكُمْ بهِ" (متَّى ٢٨: ١٨-٢٠). وكيف كان ينبغي لتلاميذ يسوع أن يتلمذوا؟ أوَّلًا، بأن يكرزوا بإنجيل الملكوت، تمامًا كما كرَزَ يسوع به (متَّى ٤: ١٧، ٢٣) وتمامًا كما سبق وأرسلهم بعيدًا ليكرزوا (متَّى ١٠: ٥-٧). لذا من الصحيح أن نقول إنَّ وصيَّة "تلمذوا" تحمل في ثناياها الكرازة بالإنجيل؛ إذ إنَّك تصير تلميذًا ليسوع باحتضانك البشارة بيسوع.

لكنَّ يسوع يُحدِّد خطوتين أُخريين في هذه العمليَّة، طريقتين يُطبَّقُ بهما التكليفُ بتلمذة الأمم، وهُما: أن يعمِّد تلاميذ يسوع هؤلاء التلاميذ الجُدد، وأن يعلِّموهم جميع ما أوصى به يسوع.

الخطوة الأولى: اكرزوا بالإنجيل.
الخطوة الثانية: عمِّدوا من استجابوا بإبداء الإيمان.
الخطوة الثالثة: علِّموهم أن يعملوا بجميع ما أوصى به يسوع.

كلُّ من صاروا تلاميذَ تعمَّدوا، إذ ليس من تصنيفٍ اسمه "تلاميذ غير مُعمَّدين".

المعموديَّة أمرٌ واجبٌ على التلاميذ، إذ يُعطون أنفسهم لرمزيَّة الموت والقيامة التي فيها. ويتَّضح من نصِّ الإرساليَّة العُظمى الذي خاطب به يسوع المسيح تلاميذه أنَّ المعموديَّة تتصدَّر لائحة "جميع ما أوصيتكم به"، لأنَّهم بعد أن يؤمنوا ويتوبوا، يجب عليهم أن يتعمَّدوا، بصفتها أوَّل وصيَّة يطيعونها بصفتهم تلاميذ المسيح. وهكذا، فإنَّ أوَّل ما تعمله بصفتك تابعًا جديدًا للمسيح يسوع هو أن تتعمَّد.

فلا عجب إذًا أنَّ بطرس كذلك أمر سامعيه في يوم الخمسين أن يتوبوا ويتعمَّدوا قائلًا: "توبوا وليَعتَمِدْ كُلُّ واحِدٍ مِنكُمْ علَى اسمِ يَسوعَ المَسيحِ لغُفرانِ الخطايا، فتقبَلوا عَطيَّةَ الرّوحِ القُدُسِ" (أعمال الرسل ٢: ٣٨). ونجد أنَّ الكثير منهم أطاعوا ذلك: "فقَبِلوا كلامَهُ بفَرَحٍ، واعتَمَدوا، وانضَمَّ في ذلكَ اليومِ نَحوُ ثَلاثَةِ آلافِ نَفسٍ" (أعمال الرسل ٢: ٤١). دعني أقولها مرَّة أُخرى: قبول بشارة الإنجيل والمعموديَّة يرتبطان بعضهما ببعضٍ ارتباطًا وثيقًا؛ فإن وثقت بيسوع، أوَّل ما تحتاج أن تفعله هو أن تصرِّح بذلك علنًا بالمعموديَّة.

وهذا يبيِّن لنا أيضًا سبب افتراض كُتَّاب رسائل العهد الجديد أنَّ قرَّاءهم المسيحيِّين سبق وتعمَّدوا. فيُحاجج بولس أنَّنا إذ مُتنا للخطيَّة لا يُمكن أن نحيا فيها فيما بعد، ثُمَّ يسأل قائلًا: "أم تجهَلونَ أنَّنا كُلَّ مَنِ اعتَمَدَ ليَسوعَ المَسيحِ اعتَمَدنا لموتِهِ؟" (رومية ٦: ٣). كما يؤكِّد لأهل غلاطيَّة في رسالته إليهم أنَّهم جميعًا أولادٌ لله بالإيمان بالمسيح شارحًا: "لأنَّ كُلَّكُمُ الّذينَ اعتَمَدتُمْ بالمَسيحِ قد لَبِستُمُ المَسيحَ" (غلاطيَّة ٣: ٢٧؛ لاحظ أيضًا ١ كورنثوس ١: ١٣؛ كولوسِّي ٢: ١٢)، ولا يُمكن أن تنجح هذه المُحاججات إن لم يكن قُرَّاؤه مُعمَّدين.

إن كُنت مسيحيًّا لم يتعمَّد بعد، فإنَّك تحتاج أن تتعمَّد. ليس الأمرُ مُجرَّد نصيحةٍ أو اختيارٍ أو أمرٍ مُحبَّذٍ أو من الجيِّد فعله؛ إنَّما الأمرُ واجب. ومع أنَّ معنى أن يكون المرءُ تلميذًا ليسوع لا يقتصر على طاعة وصاياه، فإنَّه لا يقلُّ عن ذلك أيضًا؛ فطاعتنا لوصايا يسوع هي اختبار مصداقيَّة محبَّتنا له، وكلُّ من يثق بيسوع يطيع كلامه، وهو يوصي من يؤمنون به أن يتعمَّدوا.

منفعتان للمعموديَّة

إذا كنت تعترف بإيمانك بيسوع لكنَّك لم تتعمَّد بعد، فمجرَّد أنَّ يسوع أوصاك بالمعموديَّة ينبغي يكون ذلك كافيًا ليدفع بك إليها. ولكن إن كُنتَ متردِّدًا بعد، سأحاول أن أحثُّك على طاعة وصيَّة المسيح بأن تتعمَّد بأن أُلقي الضوء على منفعتين للمعموديَّة.

تنمُّ المنفعة الأولى على أنَّ الاعتراف بالإيمان يعزِّز الإيمان، حيث إنَّ المعموديَّة إعلانٌ علنيٌّ أنَّك تنتمي إلى يسوع، تحتاج أن تتعمَّد أكثر من أيِّ شيءٍ آخر، لا سيَّما إذا كنت متقاعسًا عن الإفصاح عن أنَّك صرت تابعًا ليسوع المسيح. ويُفترَض على الإيمان أن يُعيد تعريف حياتك برُمَّتها؛ يعيد تعريف ماضيك وحاضرك ومستقبلك وهويَّة عائلتك وصاحب ولائك الأسمى. وللمعموديَّة طريقة تُصوِّر بها هذه الحقائق جميعها وتُجاهر بها.

إن جرَّبت أن تحصر إيمانك بينك وبين نفسك، فإنَّه سيذبل ويموت، كأجسادنا التي تتقوَّى بالممارسة والتدريب؛ فالمعموديَّة مُمارسة للإيمان. بل المعموديَّة فعلٌ وَقُوده الإيمان، وفعلٌ يُحدِّدُ سير حياة الإيمان بأكملها. وإذ تُعاشُ الحياةُ المسيحيَّةُ نورًا على منارة، في صُحبة الكنيسة، وعلى مرأىً من العالم أجمع، تعمل المعموديَّة عمل المنارة هذه التي ترفع النور عاليًا.

أمَّا المنفعة الثانية فترتبط بما سبق: تعملُ المعموديَّة عملَ فرصة تبشيرٍ مُعدَّة. فالكثير من أصدقائك وأفراد عائلتك الذين لا يأتون إلى الكنيسة، ستُتاح لهم فرصة سماع رسالة الإنجيل إذا حضروا مراسم معموديَّتك أو سمعوا بها. وإن لم يعرفوا معنى المعموديَّة، يُمكنك أن تشرحه بواسطة

رسالة الإنجيل، أو إن لم يفهموا رسالة الإنجيل، يُمكنك أن توضِّحها بواسطة المعموديَّة. أخبرهم أنَّه كما إنَّك تُغمَر تحت الماء وتقوم منها مُجدَّدًا، كذلك دُفن المسيح بين الأموات وقام منتصرًا، واشرح لهم أنَّ الذين يتَّحدون بالمسيح يشتركون في انتصاره، إذ بموته وقيامته تُغفر خطايانا ونُصالَح مع الله.

اعتراضات على المعموديَّة

إذا كُنتَ مسيحيًّا تعترف بمسيحيَّتك لكنَّك لم تتعمَّد، فلماذا لم تتعمَّد بعد؟ دعنا ننظر إلى بعض الاعتراضات المُحتملة على المعموديَّة.

قد يقول أحدهم: ما الحاجة إلى ضجَّة كبيرة وعلنيَّة أنِّي صرت مسيحيًّا؟ أليس الإيمان شخصيًّا وخصوصيًّا؟ ألا يكفي أنَّني أثق بيسوع؟ الله يعرف ما في قلبي.

سبق وناقشنا أنَّ يسوع المسيح لا يرغب بأتباعٍ سرِّيِّين أو تلاميذ مخفيِّين، إذ قال: "فكُلُّ مَنْ يَعتَرِفُ بي قُدّامَ النّاسِ أعتَرِفُ أنا أيضًا بهِ قُدّامَ أبي الّذي في السماواتِ، ولكن مَنْ يُنكِرُني قُدّامَ النّاسِ أُنكِرُهُ أنا أيضًا قُدّامَ أبي الّذي في السماواتِ" (متَّى ١٠: ٣٢-٣٣)، وقال أيضًا: "لأنَّ مَنِ استَحَى بي وبكلامي، فبهذا يَستَحي ابنُ الإنسانِ مَتَى جاءَ بمَجدِهِ ومَجدِ الآبِ والمَلائكَةِ القِدّيسينَ" (لوقا ٩: ٢٦). المسيحيُّون هم من يعترفون بإيمانهم بالمسيح، والاعترافُ عملٌ علنيٌّ بطبيعته ويُحكى في مسامع الآخرين. وإن أقلقتك المجاهرة بإيمانك المسيحيِّ، فكِّر في المعموديَّة بصفتها مُساعدةً لا مُعوِّقًا؛ إذ إنَّها تُساعدك على الأمر الواجب على إيمانك، أي المُجاهرة به.

وأودُّ أن أقول لقادة الكنيسة إنِّي أراه صحيحًا عمومًا أن تطلبوا مِمَّن على وشك أن يتعمَّدوا لا أن يعترفوا بإيمانهم بالمسيح ويعِدوا بطاعته فقط، بل أن يشاركوا أيضًا كيفيَّة وصولهم شخصيًّا إلى نقطة ثقتهم في المسيح مخلِّصًا، إذ يُقدِّمُ هذا المجدَ لله على ما صنعه في حياتهم ويعزِّز مع هذا قوَّة المعموديَّة التبشيريَّة. أمَّا إذا كان المُعمَّد يهاب التكلُّم أمام الناس مهابةً مُشِلَّة أو لا يستطيع مشاركة قصَّته لسببٍ ما، فأُشجِّعك أن تطلب منه الإقرار باعترافه بالإيمان بيسوع وطاعته، كما يلي:

"هل تؤمن بيسوع المسيح مُخلِّصًا لك وتخضع له سيِّدًا عليك؟".

"نعم، أُومن وأخضع".

"هل تتعهَّد بطاعة يسوع المسيح معتمدًا على نعمته وبصحبة كنيسته ما دُمت حيًّا؟".

"نعم، أتعهَّد".

وقد يقول آخر: لا أعلم أين أذهب لأتعمَّد. هذه مُشكلة لا محالَ! وإليك نصيحتي: ابحث عن كنيسة تعظ بالإنجيل وتُعلِّم الكتاب المُقدَّس، كنيسةٍ شعبها جادٌّ من ناحية اتِّباع المسيح ومُساعدة غيرهم على المِثل. وحينما تجدها، عرِّف عن نفسك لقادتها وأخبرهم أنَّك تؤمن بيسوع المسيح وتودُّ أن تتعمَّد، ثُمَّ التزم أن تنضم إلى الكنيسة، واخدم فيها، واسمح لها أن تُعينك على النمو على صورة المسيح.

وقد يعترض أحدٌ ما قائلًا: سبق لي أن تعمَّدت رضيعًا. وله أقول إنَّ المعموديَّة فعلًا أمرٌ يحدث مرَّةً واحدة. وبعدما تتعمَّد، لا تحتاج أن تتعمَّد

مرَّة أُخرى، بل يجب عليك ألَّا تفعل هذا بتاتًا. لكن هل للرُّضَّع أن يتعمَّدوا أصلًا؟ وهل معموديَّةُ الرُّضَّع معموديَّةٌ حقًّا؟ هذا هو موضوع الفصل المُقبل.

مجمل القول

إن كُنتَ تؤجِّل المعموديَّةَ تردُّدًا أو خوفًا، فإنِّي أُشجِّعك أن تتشدَّد؛ إذ يعِدُنا يسوع أنَّنا عندما نُستَجوب من أجل اسمه، فإنَّ روحه سيتكلَّم بنا معطيًا إيَّانا الكلام الذي نحتاج إليه (متَّى ١٠: ١٩-٢٠). فإن كان الروح يَهبُنا الإيمان، كم بالحريِّ له أن يُشدِّدنا حينما نعترف بذلك الإيمانِ علنًا (١ كورنثوس ١٢: ٣)؟

ومجمل القول هو إنَّ كلَّ مسيحيٍّ أُوصي أن يتعمَّد، فماذا تنتظر؟

الفصل الثالث

ماذا عن معموديَّة الرُّضَّع؟

ماذا عن معموديَّة الرُّضَّع؟ أكتب هذا مُتأكِّدًا أنَّ كثيرًا من القرَّاء قد تعمَّدوا رُضَّعًا، ومنهم من يشكُّ في ما إذا كانت معموديَّتهم تلك حقيقيَّة أم لا، أو منكم من يعلم أنَّ بعض الكنائس تُمارس معموديَّة الرضَّع لكن لا يعلم السبب، ولم يسبق له أن قيَّم هذا في ضوء الكتاب المقدَّس.

سأستعرض في هذا الفصل أكثر تعليلٍ لاهوتيٍّ مُعتبَر لمعموديَّة الرُّضَّع، وسأُقيِّمه كتابيًّا، ثُمَّ سأجيب عن اعتراضات موقف معموديَّة الرُّضَّع مقابل موقف معموديَّة المؤمن.

حُجَّة معموديَّة الرُّضَّع

لم يخلُ أغلب تاريخ الكنيسة من عددٍ من الكنائس التي كانت تُعمِّد الرُّضَّع. ويُعرف هذا الموقف من المعموديَّة لاهوتيًّا باللغة الإنكليزيَّة باسم "پيبدوباپتزم" (Paedobaptism). وقد اتَّخذت الكنائس هذا الموقف لأسباب عِدَّة؛ إذ تؤمن الكنيسة الكاثوليكيَّة وبعض الكنائس الأُخرى بأنَّ المعموديَّة تمنح نعمة مُخلِّصة للمُعمَّد وتضمُّه إلى جسد

المسيح الروحيِّ، وكأنَّ المعموديَّة تعمل ذلك من ذاتها دون الحاجة إلى موافقة الرَّضيع المُعمَّد أو مُمارسته للإيمان. لكنَّ هذا الفهم للمعموديَّة يتعارض مع رسالة الإنجيل التي تُخبرنا بأنَّ الاتِّحاد بالمسيح بالإيمان هو ما يُخلِّصنا؛ فما تعمله فريضتا المعموديَّة والعشاء الربَّانيِّ هو عرض هذا الاتِّحاد والإقرار به، لا تفعيله وتنفيذه.

كما يعتقدُ بعض اللوثريِّين، على مثال لوثر نفسه، أنَّ الرُّضَّع الذين يتعمَّدون لهم إيمانٌ بالفعل. لكن لماذا لا يُبدي عددٌ كبيرٌ جدًّا من هؤلاء الذين تعمَّدوا رُضَّعًا أيَّ علاماتٍ على الإيمان؟ ماذا حلَّ بإيمانهم؟

أمَّا المسيحيُّون من أتباع التقليد المُصلح، فيُقدِّمون أقوى حُجَج الإنجيليِّين الذين يؤيِّدون معموديَّة الرُّضَّع، إذ ترتكز حُجَّتهم على العلاقة بين عهود الله وعلامات تلك العهود.[٢] والعهدُ علاقةٌ يدخلها الله بحريَّة مع أُناسٍ ويُقرِّها بقَسَم. وغالبًا ما تُصاحب العهود علامات تصوِّر شيئًا من بنود العهد ومنافعه بصورةٍ لافتة، تمامًا كما صاحَب عهد الله مع إبراهيم علامة الخِتان العهديَّة، والتي استمرَّت في العهد الموسويِّ (تكوين ١٧: ١-١٤؛ لاويِّين ١٢: ٣). وإذ قطع الله عهده مع إبراهيم، أشار عليه أن يختن جميع الذكور من ذُريَّته. وكما شمل العهد نسل إبراهيم، شملتهم علامة العهد أيضًا.

يُشدِّد المسيحيُّون المصلحون على الاستمراريَّة في خطَّة الله الخلاصيَّة عبر التاريخ؛ إذ يؤكِّدون مُصيبين بأنَّ لدى الله خطَّة خلاصيَّة واحدة ينفِّذها عبر العصور، وأنَّ كلَّ من ينالون هذا الخلاص ينتمون إلى شعبه الواحد الحقيقيِّ. إضافة إلى ذلك، يجادل المصلحون في مصلحة وجود "عهد نعمة"

وحيد يشترك فيه جميع المؤمنين على مدى التاريخ؛ حيث يُعبَّر عن هذا العهد أوَّلًا في وعد الله لآدم وحوَّاء في جنَّة عدن (تكوين ٣: ١٥)، ويُتمَّمُ هذا العهد في المسيح. ويُجادلون بصورة عامَّة أيضًا أنَّ كلًّا من عهود الله مع شعبه هي تعبيرٌ أو نوعٌ من التنفيذ لعهد النعمة الوحيد هذا.

لذا يرى المصلحون الذين يؤيِّدون معموديَّة الرُّضَّع النصوص الكتابيَّة كالتي في أعمال الرسل ٢: ٣٨-٣٩ تُعبِّر عن مبدأ مُشتركٍ مع العهد الإبراهيميِّ والعهد الجديد. بعدما حثَّ بطرس سامعيه أن يتوبوا ويتعمَّدوا، قال لهم: "لأنَّ المَوْعِدَ هو لكُمْ ولأولادِكُمْ ولِكُلِّ الّذينَ علَى بُعدٍ، كُلِّ مَنْ يَدعوهُ الرَّبُّ إلهنا"؛ ولهذا يعلِّل المصلحون الذين يؤيِّدون معموديَّة الرُّضَّع أنَّه كما قدَّم الله وعد عهده مع إبراهيم لنسله وأطفالِهم الرُّضَّع (ومع العهد علامته)، كذلك يُقدِّم الوعد بالعهد الجديد للمؤمنين وأطفالهم (وبالمِثْل، مع العهد الجديد علامته، وهي المعموديَّة). ويُلخِّص "بي. بي. وارفيلد" (B. B. Warfield) حُجَّة معموديَّة الرُّضَّع بقوله: "أسَّس الله كنيسته في أيَّام إبراهيم وضمَّ إليها أطفالًا، وعليهم أن يبقوا هناك حتَّى يُخرجَهُم، إلَّا أنَّهُ لم يُخرج الأطفال. لذا ما زال الأطفالُ أعضاءً في كنيسته ونتيجة لهذا، لهم الحقُّ في فرائضها".[٣]

الحُجَّة ضد معموديَّة الرُّضَّع

أكنُّ كُلَّ الاحترام والمودَّة للمسيحيِّين الذين يؤيِّدون معموديَّة الرُّضَّع كما سبق، مُبدين في حُججهم انتباهًا حذرًا للكتاب المُقدَّس وتبجيلًا له، ومنهم أصدقاءُ لي وأبطالٌ في الإيمان عبر التاريخ. إلَّا أنَّني لا أراهُم مُقنعين، وإليكم ستَّة أسباب:

١. يُطبِّق موقف معموديَّة الرُّضَّع علامة الاتِّحاد بالمسيح على من لم يتَّحدوا بالمسيح، فاصلًا العلامة عن الواقع.

المعموديَّةُ علامةٌ على اتِّحاد المؤمن بالمسيح بموته ودفنه وقيامته (رومية ٦: ١-٤؛ كولوسِّي ٢: ١١-١٢)، إلَّا أنَّ الرُّضَّع ليسوا مُتَّحدين بالمسيح؛ فيجبُ على جميع الناس، حتَّى الذين وُلدوا لوالدَين مسيحيَّين، أن يقبلوا المسيح بالإيمان ليشتركوا به بالروح القدس.

قد لا يتذكَّر بعض الذين وُلدوا في عائلاتٍ مسيحيَّة وقتًا لم يؤمنوا فيه بيسوع، إلَّا أنَّ هذا لا يعني أنَّهم ولدوا يؤمنون بيسوع؛ فلا بُدَّ أن يمنحهم الروح القدس الإيمان ويأتي إلى قلوبهم بالتوبة في وقتٍ ما؛ ولا بُدَّ أن يُنقَلوا من سلطان الظلمة إلى سلطان الابن (كولوسِّي ١: ١٣)؛ ولا بُدَّ أن يقوموا من الموت إلى الحياة مُنقَذين من رئيس هذا العالم ومُخلَّصين من غضب الله (أفسس ٢: ١-٣).

إلَّا أنَّ موقف معموديَّة الرُّضَّع يُطبِّق علامة الاتِّحاد بالمسيح على مَن لم يتَّحدوا بالمسيح فاصلًا العلامة عن الواقع التي تُعبِّر عنه. وبهذا يَجعَل موقف معموديَّة الرُّضَّع المعموديَّةَ متضارِبة. أليست المعموديَّة علامةً على عمل الإنجيل في حياة الفرد الذي نال مغفرةً وتطهيرًا وتصالحًا وولادةً وحياةً جديدة؟ لماذا إذًا يسمح موقف معموديَّة الرُّضَّع بتطبيق العلامة حيث لا تتحقَّق هذه الحقائق؟ لا يتَّحد الرُّضَّع أولاد المؤمنين بالمسيح بواسطة الإيمان، لذا على الكنائس ألَّا تُعمِّدهم.

٢. يخلُط موقف معموديَّة الرُّضَّع بين الولادة من والدَيْن مسيحيَّين والولادة الجديدة من الروح.

وبكلماتٍ أُخرى، يخلُط موقف معموديَّة الرُّضَّع بين الولادة من والدَيْن مسيحيَّين والولادة الجديدة من الروح. ولا أقصد أنَّ جميع أصحاب موقف معموديَّة الرُّضَّع يخلطون بين الاثنين في أذهانهم، إنَّما أقصد أنَّ مُمارستهم تفعل ذلك. ومع أنَّ صاحب موقف معموديَّة الرُّضَّع قد يعرف يقينًا أنَّ ابنه الرضيع يحتاج أن يؤمن بالمسيح من أجل أن يُولد مُجدَّدًا بالروح، فإنَّه بتعميده يُصرِّح وكأنَّ هذا قد حصل فعلًا.

يخبرنا "اعتراف ويستمنستر" (Westminster Confession) أنَّ فاعليَّة المعموديَّة ليست مرتبطة بوقت تنفيذها؛ أي أنَّ معموديَّة رضيعٍ صحيحة حتَّى لو آمن من نالها بالمسيح بعد سنواتٍ عدَّة. إلَّا أنَّ مشكلة هذا تكمن في أنَّ العلامة تُصرِّح بالحقيقة، وتقول: "هذا اتَّحد بالمسيح، ودُفن مع المسيح وقام معه، وعَبَرَ من الموت إلى حياةٍ جديدة في المسيح". أمَّا إذا رغِب أصحاب موقف معموديَّة الرُّضَّع بعلامة تُشير إلى احتماليَّة الاتِّحاد بالمسيح مُستقبَلًا، فعليهم أن يجدوا شيئًا آخرى عدا المعموديَّة؛ لأنَّ المعموديَّة تتكلَّم بصيغة المضارع.

وهكذا تكون النتيجة العمليَّة لموقف معموديَّة الرُّضَّع أنَّها تدَّعي أنَّ الولادة الجديدة يمكن أن ترثها بالولادة الطبيعيَّة، وكأنَّ الرُّضَّع المولودين لوالدَين مسيحيَّين لهم حالة روحيَّة مختلفة تمامًا عن غيرهم. ولا شكَّ فعلًا

أنَّ الرُّضَّع المولودين لوالدَين مسيحيَّين يولَدُون في بيئة روحيَّة مُختلفة عمَّن يولدون لوالدين غير مؤمنين، إلَّا أنَّ معموديَّة الرُّضَّع تُصرِّح بأنَّ الفرق ليس في البيئة المحيطة فقط بل فيهم. وهكذا مهما كانت المواقف اللاهوتيَّة لأصحاب موقف معموديَّة الرُّضَّع، تستمرُّ مُمارستهم في الخلط بين الولادة من والدَين مسيحيَّين والولادة ثانيةً من الروح القدس.

٣. يفترض موقف معموديَّة الرُّضَّع مُخطِئًا أنَّ الله يشكِّل شعب العهد الجديد بالطريقة نفسها التي شكَّل بها شعب العهد القديم.

وعلاوةً على ما سبق، يفترض موقف معموديَّة الرُّضَّع مُخطِئًا، وعلى الأقلِّ في أمرٍ واحدٍ مفصليٍّ: أنَّ الله يشكُّل شعب العهد الجديد بالطريقة نفسها التي شكَّل بها شعب العهد القديم. تحت العهد القديم، شكَّل الله شعبه بالنَّسَب العائليِّ ليعمل منهم مجموعة عِرقيَّة مخصَّصة. أمَّا تحت العهد الجديد، فيُشكِّل الله شعبه بالكلمة والروح ليعمل منهم شعبًا تشكَّل ممَّن دَعوا باسمه من بين جميع الأُمم.

تذكَّر أنَّ حُجَّة أصحاب موقف معموديَّة الرُّضَّع تستند إلى مُشابهة كبيرة بين المعموديَّة والخِتان. لكن من الأسباب التي من أجلها أمرَ الله إبراهيم أن يختن كلَّ ذكرٍ من نسله هو ليصير نسل إبراهيم مجموعة عرقيَّة يمكن تعرُّفها، وتمييزها عن العالم من حولها. وقد تحقَّقت الغاية من خلق أمَّة بعد الخروج من مصر وإعطاء العهد الموسويِّ في سيناء، والذي يدعوه الكتاب المُقدَّس "العهد القديم" (٢كورنثوس ٣: ١٤)، عندما جاء الله بإسرائيل لنفسه

ودعاهم ليؤدُّوا دورًا مُميَّزًا يقتضي بطاعة وصاياه ليكونوا خاصَّته الثمينة بين كلِّ الشعوب ويكونوا مملكة كهنة وأُمَّة مُقدَّسة (خروج ١٩: ٤-٦).

وضع الله إسرائيل على منصَّةٍ على مرأىً من العالم ليكشف عن هويَّته وصفاته، وقد أراد من إسرائيل أن يمشوا في طُرُقه لتتنبَّه الأُمم المحيطة بهم وتتعلَّم (تثنية ٤: ١-٨). وقد ميَّز الله إسرائيل عن هذه الأُمم بوضوح باستخدام علامة الختان، إذ وَجَبَ على كلِّ ذكرٍ إسرائيليٍّ أن يُختتن (تكوين ١٧: ١٢)، وكلُّ من أراد أن ينضمَّ إلى شعب إسرائيل كان عليه أيضًا أن يختتن (خروج ١٢: ٤٨)؛ وهكذا مُيِّزَ شعب الله عن العالم من وقت ما دُعي إبراهيم إلى وقت المسيح بالختان .

وقد كان الذكر الإسرائيليُّ طوال هذا الوقت عضوًا من شعب الله سواءَ ماثَلتْ حالته الروحيَّة ختانه أم لم تُماثلها. فكان الختانُ يُمثِّل تكريسًا لله يُطالبُ من كُرِّسوا له أن يحيوا حياةً مُكرَّسة. ولهذا أوصى الله شعبه قائلًا: "فاختِنوا غُرلَةَ قُلوبكُمْ، ولا تُصَلِّبوا رِقابَكُمْ بَعدُ" (تثنية ١٠: ١٦؛ ولاحظ أيضًا إرميا ٤: ٤). وبالطبع، لم يكن كلُّ مَن اختُتن في الجسد مختونَ القلب، بل كما نعلم قصَّة إسرائيل، عصى مُعظم شعب الله تحت العهد القديم الربَّ وعبدوا آلهة غريبة وارتكبوا الإثم والعدوان. كما رفض ملوكهم ورؤساؤهم وأنبياؤهم وكهنتهم وعامَّة الشعب الربَّ وأغاظوه (إرميا ٣٢: ٣٠-٣٣). وقد تعظَّم إثم الشعب حتَّى طردهم الله من الأرض مُنزلًا بهم لعنات العهد مُبتدئًا بمملكة إسرائيل في الشمال، ثمَّ مملكة يهوذا في الجنوب (تثنية ٢٨: ١٥-٦٨؛ ٢ ملوك ١٧: ٦-٢٣؛ ٢٥: ١-٢١).

كانت خطَّة الله لإسرائيل أن يَشِعَّ بهم بمجده أمام جميع الأُمم، إذ قطع معهم عهده القديم ليطيعوه ويزدهروا ويتميَّزوا عن باقي الشعوب ليشهدوا عن حكمته الفريدة. إنَّما قلوب الشعب كانت فاسدة، وخطيَّتهم فاقت قدرة الناموس على حلِّها، مع إنَّهم تحلُّوا بامتيازات لا مثيل لها: الشريعة وعبادة الهيكل ومجد الله الحالّ في وسطهم (رومية ٩: ٤). إلَّا أنَّ هذه الامتيازات لم تحول دون فشل الكثيرين من أبناء العهد بحفظ العهد، فعصوا الله ودينوا.

ما احتاج إليه شعب الله كان عمليَّة زراعة قلب. وهذا بالضبط ما وعد الله أن يعطيهم في العهد الجديد.

> ها أيّامٌ تأتي، يقولُ الرَّبُّ، وأقطَعُ مع بَيتِ إسرائيلَ ومَعَ بَيتِ يَهوذا عَهدًا جديدًا. ليس كالعَهدِ الّذي قَطَعتُهُ مع آبائهِمْ يومَ أمسَكتُهُمْ بيَدِهِمْ لأُخرِجَهُمْ مِنْ أرضِ مِصرَ، حينَ نَقَضوا عَهدي فرَفَضتُهُمْ، يقولُ الرَّبُّ. بل هذا هو العَهدُ الّذي أقطَعُهُ مع بَيتِ إسرائيلَ بَعدَ تِلكَ الأيّامِ، يقولُ الرَّبُّ: أجعَلُ شَريعَتي في داخِلِهِمْ وأكتُبُها علَى قُلوبِهِمْ، وأكونُ لهُمْ إلهًا وهُم يكونونَ لي شَعبًا. ولا يُعَلِّمونَ بَعدُ كُلُّ واحِدٍ صاحِبَهُ، وكُلُّ واحِدٍ أخاهُ، قائلينَ: اعرِفوا الرَّبَّ، لأنَّهُمْ كُلَّهُمْ سيَعرِفونَني مِنْ صَغيرِهِمْ إلَى كبيرِهِمْ، يقولُ الرَّبُّ، لأنّي أصفَحُ عن إثمِهِمْ، ولا أذكُرُ خَطيَّتَهُمْ بَعدُ.
>
> (إرميا ٣١: ٣١-٣٤)

أعلن الربُّ منبِّهًا أنَّ هذا العهد لن يكون مثل العهد الذي قطعه مع إسرائيل في سيناء بعدما أخرجهم من مصر. كيف سيختلف هذا؟ بأنَّهم لن يتجاوزوه (عدد ٣٢).

لماذا لن يتجاوزوه؟ لأنَّ الله سيضع شريعته، أي التوراة، فيهم وسيكتبها على قلوبهم (عدد ٣٣). ولن يظلَّ ناموس الله خارِجَهم يقف لهم مُطالبًا، بل سيَسكُن فيهم وينبُع من قلوبهم مرشدًا إيَّاهُم في طُرُق الله.

وفي الإصحاح التالي من السفر، يعِدُ الربُّ الوعد ذاته بكلماتٍ أُخرى ويقول: "وأُعطيهِمْ قَلبًا واحِدًا وطَريقًا واحِدًا ليَخافوني كُلَّ الأيّامِ، لخَيرِهِمْ وخَيرِ أولادِهِمْ بَعدَهُمْ. وأقطَعُ لهُمْ عَهدًا أبديًّا أنّي لا أرجِعُ عنهُمْ لأُحسِنَ إليهِمْ، وأجعَلُ مَخافَتي في قُلوبِهِمْ فلا يَحيدونَ عَنّي" (إرميا ٣٢: ٣٩-٤٠). وهكذا سيكون العهد الجديدُ أبديًّا لأنَّ الله نفسه سيُمكِّن شعبه من مخافته ليطيعوه ويتمسَّكوا به ولا يتركوه مُجدَّدًا. وما هذا إلَّا طريقة أُخرى ليقول إنَّه سيختن قلوبهم، عاملًا فيهم ما لم يتمكّنوا منه بأنفسهم (تثنية ٣٠: ٦).

ويعِدُ الله الوعد ذاته بطريقة أُخرى حينما يَقول في حزقيال: "وأُعطيكُمْ قَلبًا جديدًا، وأجعَلُ روحًا جديدَةً في داخِلِكُمْ، وأنزِعُ قَلبَ الحَجَرِ مِنْ لَحمِكُمْ وأُعطيكُمْ قَلبَ لَحمٍ. وأجعَلُ روحي في داخِلِكُمْ، وأجعَلُكُمْ تسلُكونَ في فرائضي، وتَحفَظونَ أحكامي وتَعمَلونَ بها" (حزقيال ٣٦: ٢٦-٢٧). وَعَدَ الله أن يُعطي شعبه قلوبًا جديدة، ويجعل روحه يسكن فيهم أيضًا ليطيعوا مشيئته كما لم يُطيعوها من قبل. شريعة الله في قلوبهم، وقلوب مُتَّحدة ومختونة، وقلوب لحمٍ لا حجر، وروح الله في داخلهم؛ ما هذا إلَّا تصريحٌ

مُباشرٌ بأنَّه في العهد الجديد سيعرف شعب الله إلههم ويطيعوه لأنَّ الله نفسه سيغيِّرهم من الداخل إلى الخارج.

لاحظ أيضًا أنَّه في وعد العهد الجديد كمَّا ورد في إرميا ٣١ لا يحتاج المرء أن يقول"اعرِفوا الرَّبَّ" لقريبه؛ "لأنَّهُمْ كُلَّهُمْ سيَعرِفونَني مِنْ صَغيرِهِمْ إلَى كبيرِهِمْ" (عدد ٣٤)؛ أي إنَّ جميع شعب الله سيعرف الله. وما كان مفهومًا ضمنيًّا في هذه الوعود التي قرأناها، يجعله الله جليًّا في هذا العدد بأنَّ يُبيِّن أنَّ كلَّ شعبه سيتغيَّر؛ أي أنَّ كلَّ من يشمله العهد سيُتمِّمُ العهد، وأنَّ كلَّ من اتَّسموا بأنَّهم شعب الله سيحيون بصفتهم شعب الله حقًّا، وسيملأ هذا العهد الجديد أخيرًا الهوَّة ما بين الانتماء إلى العهد وحِفظ العهد. وهذا أصلًا الدافع وراء العهد الجديد.

ورغم أنَّ الشعب انتهك العهد الذي قطعه الله معهم في سيناء، ولاقوا نتيجة ذلك الجزاء العادل من سبيٍ ودمار، فإنَّ جميع شعب الله -لا بعضهم- في دخولهم في العهد الجديد سيعرفون الله ويخدموه، وستُغفر خطايا شعب الله بأكمله (عدد ٣٤)، وسيكونون جميعهم شعب الله، لا من الخارج فقط، بل من الداخل. وهذا بالتحديد ما يجعل العهد الجديد جديدًا، ومُختلفًا عن الطريقة التي فيها تعامل الله مع شعبه في العهد الموسويِّ (عدد ٣١).

في موت المسيح وقيامته، دشَّن الله هذا العهد الجديد (لوقا ٢٢: ٢٠؛ عبرانيِّين ٩: ١٥). وفي يوم الخمسين، سكب الله روحه على شعبه كما وعد في الأنبياء (أعمال الرسل ٢: ١-٤١). ومنذ ذلك الوقت، يدعو الله شعب عهده الجديد إلى نفسه بكلمته وروحه.

في العهد القديم، شكَّل الله شعبه بأن وَسَم نسل إبراهيم وجعل منهم عِرقًا مكرَّسًا، مُعطيًا إيَّاهم الختان والناموس ليمتازوا عن العالَم. إلَّا أنَّه لم يكُن كلُّ من خُتِن في الجسد مختونًا في القلب، ولم يحفظ العهد جميعُ مَن شملهم العهدُ، فكان يمتاز شعب الله بالختان مهما كانت حالتهم الروحيَّة.

إلَّا أنَّ الله في العهد الجديد يُكوِّن شعبه بطريقة مُختلفة كُليًّا؛ إذ لا يقتصر الأمر على شعبٍ عرقيٍّ من سَلَفٍ واحد، بل يدعو الله، بعمل روحه في قلوب الناس بكلمة الإنجيل، أُناس العهد الجديد من كُلِّ أُمَّة، مُكوِّنًا شعب العهد الجديد هذا بالولادة الجديدة. لهذا فإنَّ الطريق إلى شعب العهد الجديد الخاصّ بالله -الطريق الوحيد- هو الولادة الجديدة بالروح.

وهكذا، يفترض موقف معموديَّة الرُّضَّع مُخطِئًا أنَّ الله يُكوِّن شعب العهد الجديد بالطريقة ذاتها التي كوَّن فيها شعب العهد القديم؛ أي بواسطة النسَب. فيُقدِّم هذا الموقف علامة العهد الجديد، أي المعموديَّة، إلى الرُّضَّع المولودين لمؤمنين مُعتقدًا أنَّ هؤلاء الرُّضَّع مشمولون في العهد الجديد. إلَّا أنَّ الإنسان لا يدخُل العهد الجديد بالولادة الطبيعيَّة، إنَّما بالولادة الجديدة الروحيَّة. وكلُّ من في العهد الجديد غُفرت خطاياهُ ويَعرف الربَّ، وكلُّ من في العهد الجديد كُتبت شريعة الله على قلبه، وكلُّ مَن في العهد الجديد يسكنه روح الله ويُجدِّده ويُمكِّنه من السير في طُرق الله. أمَّا من وُلِد لأهلٍ مسيحيِّين، فلا ضمان أن تتمَّ حقائق العهد الجديد هذه في حياته.

لا يتحقَّق العهد الجديد بالولادة، إنَّما بالولادة الجديدة. لذا يجب أن تُعطى علامة العهد الجديد لمن يُبرهنون الولادة الجديدة باعترافهم بالمسيح مؤمنين به.

٤. يُقلِّل موقف معموديَّة الرُّضَّع من أهميَّة وظيفة الكنيسة كملح ونور في العالم (متَّى ٥: ١٣-١٦).

كان شعب العهد القديم في تصميمهم خليطًا روحيًّا؛ فعلامة الختان جاءت قبل الواقع الروحيِّ للقلب المختون ودون أن تضمنه. وهذا بالتحديد ما يُغيِّره الله في العهد الجديد؛ ففي تصميمهم، يُجدِّد الله شعبه في العهد الجديد جميعهم ويغفر لهم ويملأهم بروحه.

ومع أنَّه صحيحٌ أنَّ بعضًا من غير المسيحيِّين ينضمُّون إلى الكنيسة بطريقة ما، فإنَّ هذا ليس التصميم الأصليّ. وكأنَّ المرء يُجادِل أنَّ بعض المتزوِّجين يشتهون ويزنون! أجل، يفعل بعضهم ذلك، إلَّا أنَّ هذا شذوذٌ عن الأصل. ومن أجل هذا السبب أعطى يسوع ما يُسمَّى بالتأديب الكنسيِّ (متَّى ١٨: ١٥-٢٠)؛ ليُستبعَد مِن جماعة العهد الجديد مَن لا تُبيِّن حياتهم التي تخلو من التوبة علامات الانتماء إلى العهد الجديد. ويُبرهنُ هذا أنَّ يسوع قصد للكنيسة أن تكون، خِلافًا لإسرائيل تحت العهد القديم، جماعةً ممَّن يعرفون الله فردًا فردًا.

أمَّا موقف معموديَّة الرُّضَّع، فيأتي بمن لا يشتركون في وقائع العهد الجديد إلى مُجتمع العهد الجديد، ويأتي بالناس إلى الكنيسة قبل أن يأتي هؤلاء إلى المسيح. كما أنَّه يُعطي عضويَّة الكنيسة لمن ليسوا مسيحيِّين. ولا شكَّ أنَّ هذا سيُضعف من شهادة الكنيسة عن المسيح. إضافة إلى هذا، فإنَّ صدمة استبعاد شابٍّ، في التاسعة عشرة من عمره وتعمَّد رضيعًا، عن الكنيسة بسبب أسلوب حياته المُنحلِّ أكبر من مُجرَّد الانتظار ليعترف هذا بالمسيح مؤمِنًا فيتعمَّد بعد أن يُبرهِن حقيقة إيمانه.

وهكذا، مع النيَّات الطيِّبة للمسيحيِّين الذين يُعمِّدون الرُّضَّع، فإنَّ تعميد الرُّضَّع سيقلِّل من ملوحة الكنيسة ويُخفِّتُ نورها (متَّى ٥: ١٣-١٦). وسيجعل موقف المعموديَّة هذا الكنيسة تُشبه العالم أكثر فأكثر مع الوقت، لأنَّه يأتي بالعالم إلى الكنيسة.

٥. يُلاشي موقف معموديَّة الرُّضَّع اختلافين مُهمَّين بين المعموديَّة والختان.

يُلاشي أيضًا موقف معموديَّة الرُّضَّع اختلافين مُهمَّين بين المعموديَّة والختان. أوَّلًا، كان من وظائف الختان أن يُميِّز شعب الله بصفتهم عِرقًا مُكرَّسًا. وكان الختان يُحقِّق هذا القصد سواء كان المختونُ مختونَ القلب أم لم يكُن؛ فكان الختان أحد الوسائل التي شكَّل الله فيها الشعب وهم تحت العهد القديم من ناحية العرق والنسب والسياسة. لكنْ أحيانًا ما يَنسى أنصار موقف معموديَّة الرُّضَّع في تشديدهم على الناحية الروحيَّة من الختان، النواحي العرقيَّة والسياسيَّة منه. أمَّا المعموديَّة، في المُقابل، فتصوِّر نَسَبًا مُختلفًا كُلِّيًّا؛ أي الولادة الجديدة بالروح القدس.

ثانيًا، وَسَمَ الختان الفرد الإسرائيليَّ بأنَّه يخصُّ الله مُكرَّسًا إيَّاه لله وضامًّا إياهُ في شعب الله "المُقدَّس"، والذي يُقصد به المُكرَّس. وبهذا، أشار الختانُ إلى حاجة شعب الله إلى تكريس قلوبهم وحياتهم لله كي يتماشى هذا مع حقيقة العهد الذي هُم فيه. لذا كان شعب الله، شعب إسرائيل، مختونًا مُسبقًا حينما أمرهم الله في سفر التثنية وإرميا أن يختنوا قلوبهم (تثنية ١٠: ١٦؛ إرميا ٤: ٤). وحتَّى إنَّ عملية قطع جُزءٍ من جسد الرجل تُهدِّد أنَّ

هذا الرجل سيعاني بأن يُقطع بعيدًا عن حضور الله وشعبه إذا ما عصى العهد (تكوين ١٧: ١١-١٤). ويُمكن أن أقول بكلماتٍ أُخرى إنَّ الختان طالَبَ بالقداسة، وأشار إلى حاجة بني إسرائيل إلى طبيعةٍ جديدة.

أمَّا المعموديَّة، فتشهد على ولادة الفرد ولادة جديدة وأخذ طبيعة جديدة وتَجدُّدٍ في باطنه بالروح القدس. وتشهد المعموديَّة بأنَّ الفرد مُتَّحدٌ بالمسيح وفيه حياة جديدة. فأسفار العهد الجديد لا تأمر المؤمنين بما يُشبه ما جاء في تثنية ١٠: ١٦ قائلةً: "فعمِّدوا قُلوبكُمْ، ولا تُصَلِّبوا رِقابَكُمْ بَعدُ"، إنَّما تقول لهُم ما جاء في رومية ٦: ١-٤ ومفادهُ: "تذكَّروا أنَّكم عُمِّدتُم، لذا لا تبقوا في الخطيَّة، فقد سبق ومُتُّم لها. بل عيشوا حياة القيامة الجديدة التي لكم في المسيح". فتُشير المعموديَّة إلى وعدٍ بحياة جديدة تتحقَّق في المسيح في حياة المؤمن. وهكذا، نستنتج أنَّ الختان كرَّس الفرد من ناحية مكانته مُطالبًا بتكريس القلب، أمَّا المعموديَّة فتصرِّح أنَّ تكريس القلب قد سبق وحصل في المسيح.

ويصِل موقف معموديَّة الرُّضَّع بين الختان والمعموديَّة بخطٍّ مُستقيمٍ، ومع أنَّ الختان يجدُ تتميمه في العهد الجديد في علامة المعموديَّة، فإنَّ بولس لم يرسم هذا الخطَّ. لاحظ ما جاء في كولوسّي ٢: ١١-١٢:

> وبهِ أيضًا خُتِنتُمْ خِتانًا غَيرَ مَصنوعٍ بيَدٍ، بخَلعِ جِسمِ خطايا البَشَريَّةِ، بخِتانِ المَسيحِ. مَدفونينَ معهُ في المَعموديَّةِ، الّتي فيها أُقِمتُمْ أيضًا معهُ بإيمانِ عَمَلِ اللهِ، الّذي أقامَهُ مِنَ الأمواتِ.

يصرِّح بولس بأنَّ المسيحيِّين خُتنوا. كيف خُتنوا؟ حقيقةً، ختنوا بختانٍ "غير مصنوعٍ بيدٍ"؛ أي ختانٍ غير مصنوع بقدرة أيِّ إنسانٍ. إذًا من الذي ختننا؟ حصل الختانُ حينما خلعنا "جسم الخطايا"؛ أي حينما خلعنا طبيعتنا الخاطئة العتيقة. ومن له القُدرة أن يعمل هذا؟ وحده الله، بكلِّ تأكيد. وهكذا "خُتِنَّا"، نحن المسيحيِّين، حينما "قطع" الله عنَّا إنساننا القديم، وأمات طبيعتنا الخاطئة، ومنحنا قلبًا جديدًا وروحًا جديدة وذاتًا جديدة بيسوع. وبكلماتٍ أُخرى، يقول بولس أنَّ جميع المسيحيِّين اختبروا ختان القلب الذي طالَبَ الله به إسرائيل ووعد به بالإنبياء.

لكن ما شأن هذا بالمعموديَّة؟ يقول بولس هُنا إنَّ في المعموديَّة دُفِنَّا وقُمنا مع المسيح بالإيمان، ولأنَّ المعموديَّة تُمثِّل لحظة التصريح عن هذا الإيمان علنًا، يستخدمها بولس للإشارة إلى اختبار الاهتداء مُختزلًا إيَّاه برُمَّته فيها. متى خلعنا الإنسان القديم؟ حينما دُفنَّا مع المسيح وقُمنا معه بالإيمان، والمعموديَّة هي التي تُصوِّر هذا الموت والقيامة اللذان نخوضُهما بالإيمان.

إذًا كيف يرتبط الختان بالمعموديَّة؟ المعموديَّة هي علامة العهد الجديد التي تُشير إلى القلب -لا الجسد- المختون. كما تُشير المعموديَّة إلى أنَّ الحقائق التي طالب بها الختان دون أن يضمنها، صارت واقعًا الآن في حياة المؤمن؛ أي أنَّها تقول إنَّ ما أشار الختان إليه دون أن يُقدِّمه، تحقَّق الآن. وكيف يُتمَّمُ الختانُ في العهد الجديد؟ ليس بتعميد الرُّضَّع، الذين لم يختبروا حقائق العهد الجديد بعد، بل قد لا يختبروها بتاتًا، إنَّما يُتمَّمُ الختانُ في العهد الجديد بالطريقة التي تصوِّر المعموديَّة فيها ختان القلب. وكأنَّ الختان قال لبني إسرائيل: "جدِّدوا أنفسكُم!"، والمعموديَّة للمؤمن: "هذا الإنسان صار جديدًا!".

٦. يجعل موقف معموديّة الرُّضّع وعد الله بالعهد الجديد أقلّ من كونه وعدًا.

ونهايةً، يجعل موقف معموديّة الرُّضّع وعد الله في العهد الجديد أقلّ من كونه وعدًا. ويُعرَفُ أصحاب موقف معموديّة الرُّضّع باقتباسهم أعمال الرسل ٢: ٣٨-٣٩ الذي يقول بُطرس فيه: "لأنَّ المَوْعِدَ هو لكُمْ ولأولادِكُمْ". لكن ما الوعد الذي يقصده هُنا؟ يقول أصحاب موقف معموديّة الرُّضّع إنَّ الله يقطع وعده بالعهد الجديد للمؤمنين وأولادهم بدلالة هذا العدد الكتابيِّ، مع أنَّهم في الوقت نفسه يعترفون بحقيقة أنَّ الكثير ممَّن يتعمَّدون رُضَّعًا لا يُقبِلون إلى المسيح. وهذا يعني أنَّ الكثيرين ممَّن ينالون علامة العهد الجديد في صِغرهم لا يختبرون حقائق العهد الجديد بتاتًا. لكن بأيِّ معنىً، إذًا، يكون وعد الله بالعهد الجديد وعدًا؟

لذا يُمكن أن أجادِل أنَّ وعد الله لا يُعدُّ وعدًا بحسب مُمارسة أصحاب موقف معموديّة الرُّضّع. وليُخفِّفوا من حِدَّة هذا يُجادل الكثير منهم أنَّه من الممكن أن ينتمي الفرد إلى العهد الجديد بطريقتين؛ الأولى سطحيَّة خارجيَّة والثانية داخليَّة جوهريَّة. وبكلمات أُخرى، يُمكن أن تكون عضوًا في العهد الجديد دون أن تُغفر خطاياك وأن يُكتب ناموس الله على قلبك ودون أن تعرف الله. لكن بحسب ما ناقشنا سابقًا، هذا الفرق بين الانتماء إلى العهد وتحقُّق العهد هو بالتحديد ما يمحيه عهد الله الجديد؛ إذ إنَّ الله يَعدُ أنَّ جميع من هُم في العهد سيتمِّمون العهد ويختبرون بركاته، تحديدًا لأنَّه يضمن ذلك بنفسه. الله بنفسه سيكتب ناموسه على قلوبهم وسيمنحهم معرفة حقيقيَّة لشخصه وسيغفر خطاياهم (إرميا ٣١: ٣١-٣٤). وهكذا فإنَّ الفكرة

الرئيسيَّة من العهد الجديد هي أنَّ الذي ينتمي إلى العهد الجديد يُتمِّم العهد، وأنَّ الذي ينتمي إلى شعب العهد الجديد يُعطى قلبًا جديدًا وذاتًا جديدة.

أمَّا موقف معموديَّة الرُّضَّع فيخترع تصنيفًا جديدًا يُدعى "في العهد الجديد، لكنَّه ليس من العهد الجديد" وكأنَّ وعد الله أقلُّ من وعدٍ. فما "الوعد" الذي يقطعه الله لأولاد المؤمنين إذا كانت معموديَّة الرُّضَّع، كما يعترف أصحاب موقف معموديَّة الرُّضَّع، لا تضمن أن ينضُج الطفل ليعرفَ الربَّ؟ لا يُعَدُّ وعدًا إلهيًّا إذا كان من المُحتمل ألَّا يتحقَّق.

الإجابة عن اعتراضات أصحاب موقف معموديَّة الرُّضَّع

ولا شكَّ أن أصحاب موقف معموديَّة الرُّضَّع يُقدِّمون حُجَجًا تُقابل النقاط التي استعرضتُها. وليكون النقاش شاملًا ومُنصفًا، لننظر إلى خمسة من هذه الحُجَج.[٤]

١. تبيِّن لنا معموديَّة أهل البيت في سِفر أعمال الرسل أنَّ الله يتعامل مع العائلات برُمَّتها في العهد الجديد.

غالبًا ما يُشير أصحاب موقف معموديَّة الرُّضَّع ما يُدعى "بمعموديَّة أهل البيت" في سِفر أعمال الرسل (مثلًا: أعمال الرسل ١٦: ١٥، ٣١-٣٤؛ وراجع أيضًا ١كورنثوس ١: ١٦) ليبيِّنوا أنَّ الله ما زال في العهد الجديد يتعامل مع العائلات لكونهم عائلات. وأنَّه إذا تعمَّد أهل البيت جميعهم حينما آمن رأس البيت، فلا بُدَّ أن هذا يشتمل على الرُّضَّع. وأنَّه، وإن لم يتعمَّد الرُّضَّع، يبدو أنَّ خلاص الله ما زال يعمل في العائلات بأكملها، لا متجاوزًا إيَّاها، ولهذا ينبغي أن يُعمَّد أولاد المؤمنين.

وهكذا يُفسِّرون. لكن ما الذي يقوله النصُّ الكتابيُّ فعلًا؟ لننظر إلى ما سُجِّل عن بولس وسيلا والسجَّان الفيلبِّيِّ:

> وكلَّماهُ وجميعَ مَنْ في بَيتِهِ بكلِمَةِ الرَّبِّ. فأخَذَهُما في تِلكَ السّاعَةِ مِنَ اللَّيلِ وغَسَّلهُما مِنَ الجِراحاتِ، واعتَمَدَ في الحالِ هو والّذينَ لهُ أجمَعونَ. ولَمّا أصعَدَهُما إلَى بَيتِهِ قَدَّمَ لهُما مائدَةً، وتَهَلَّلَ مع جميعِ بَيتِهِ إذ كانَ قد آمَنَ باللهِ.
> (أعمال الرسل ١٦: ٣٢-٣٤)

أوَّلًا، لاحظ أنَّ بولس وسيلا "تكلَّما بكلمة الربِّ" لجميع من في البيت. كلُّ من كان في البيت كان بالِغًا كفاية ليُخاطَب بالكرازة بالإنجيل، وهذا ينفي فكرة وجود رُضَّعٍ أو أطفال صِغار جدًّا. وثانيًا، تهلَّلَ السجَّان فرحًا "مع جميع بيته" لأنَّه آمن. والعبارة باللغة اليونانيَّة هُنا التي تعني "مع جميع بيته" قد تصف إمَّا الفرح وإمَّا الإيمان، إلَّا أنَّ فكرة الجُملة قد تتطلَّب الاثنين، فإنَّ جميع من في بيت السجَّان فرح معه لأنَّهم هُم أيضًا سمعوا رسالة الإنجيل وآمنوا وتعمَّدوا.

فلا تفصِل هذه الآيات بأيِّ طريقة كانت بين الإيمان بالإنجيل والمعموديَّة. كما إنَّها لا تُعطي الصلاحيَّة بتقديم علامة الإنجيل لمن لم يؤمنوا بالإنجيل. وينبغي أن يُقرأ ما سُجِّل بإيجاز في سفر أعمال الرسل ١٦: ١٥ في ضوء ما سُجِّل في الأعداد المُوسَّعة التي سبق ذِكرُها. وأتساءل أيضًا: لماذا لا يُعمِّد أصحاب موقف معموديَّة الرُّضَّع أزواجَ أو زوجات المؤمنين الجُدُد إذا

كانت هذه المقاطع الكتابيَّة تُعلِّمنا أن نُعمِّد أهل البيت الذين لم يؤمنوا بعد؟ ماذا عن الأولاد الناضجين أو الذين في مرحلة المُراهقة؟

٢. يوصي بولس الأولاد أن يُطيعوا ذويهم "في الربِّ" (أفسس ٦: ١)، كما يصِفُ أولاد الوالدَين المؤمنَين "مُقدَّسين" (١كورنثوس ٧: ١٤). وهذا يفترض أنَّهم أعضاء في العهد.

في أفسس ٦: ١، يوصي بولس الأولاد أن يطيعوا ذويهم "في الربِّ"، كما يقول في ١كورنثوس ٧: ١٤ إنَّ أولاد المؤمن أو المؤمنة "مُقدَّسون" حتَّى لو كان الشريك الآخر ليس مؤمنًا؟ ألا يُشير هذا إلى أنَّ بولس يرى الأولاد أعضاءً في العهد الجديد؟

دعونا نبدأ بأفسس ٦: ١. ماذا يعني أن يُخاطِب بولس الأولاد لكونهم "في الربِّ"؟ أعتقد أنَّ باحث العهد الجديد المشيخيَّ، "فرانك تيلمان" (Frank Thielman)، يقدِّم جوابًا وافيًا. ففي رسالة أفسس، تُشير هذه العبارة إلى المؤمنين المُتَّحدين بالمسيح، إذ يقول بولس: ينمو المؤمنون هيكلًا مُقدَّسًا "في الربِّ" (٢: ٢١)، والمسيحيَّون الأفسُسيُّون كانوا في ظُلمةٍ لكنَّهم صاروا نورًا "في الربِّ" (٥: ٨)، وما إلى ذلك (لاحظ ٤: ١؛ ٤: ١٧). لماذا إذًا يُخاطِب بولس الأولاد بهذه الطريقة هُنا؟ يقول فرانك تيلمان: "لأنَّهم ضُمُّوا إلى المسيح بالإيمان (١: ١٣) ينبغي أن يطيعوا والديهُم".[٥]

وبكلماتٍ أُخرى، لا يُخاطب بولس الأولاد بصفتهم أعضاءً في العهد الجديد قد يكونوا اتَّحدوا بالمسيح بالإيمان. بل يُخاطب الأولاد بصفتهم مؤمنين، موصيًا إيَّاهُم أن يُطيعوا ذويهم لكونهم مؤمنين. فبولس لا يُجاوب

هُنا عن سؤال ما إذا كان هناك مكانةٌ عهديَّة خاصَّة للأولاد غير المؤمنين بَعد والذين وُلدوا لوالدَين مؤمنَين.

أمَّا في ١كورنثوس ٧: ١٤، يُعارض بولس الفكرة المغلوطة بأنَّ من كان متزوِّجًا مُسبقًا وصار مسيحيًّا عليه أن ينفصل عن زوجته غير المؤمنة أو عن زوجها غير المؤمن. فمنطِقه يقول: "لأنَّ الرَّجُلَ غَيرَ المؤمِنِ مُقَدَّسٌ في المَرأةِ، والمَرأةَ غَيرَ المؤمِنَةِ مُقَدَّسَةٌ في الرَّجُلِ. وإلّا فأولادُكُمْ نَجِسونَ، وأمّا الآنَ فهُم مُقَدَّسونَ". عادةً ما يستنبط أصحاب موقف معموديَّة الرُّضَّع من هذا المنطق أنَّ بولس يَعُدُّ أولاد المؤمنين "مُقدَّسين" لأنَّهم أعضاءٌ في العهد الجديد، حتَّى إن لم يختبروا تتميم وعود العهد الجديد في أنفسهم.

الملاحظة الأولى على هذا تنمُّ على عدم تحدُّثِ النصِّ عن المعموديَّة بأيِّ صورة واضحة. والثانية تنمُّ على أنَّ بولس يصف الزوج أو الزوجة غير المؤمنَين "مقدَّسين" أيضًا كما فعل مع الأولاد؛ لذا، مُجدَّدًا، أيُّ حُجَّة في مصلحة معموديَّة الرُّضَّع هُنا ينبغي أن تحكُم في مصلحة معموديَّة البالغين غير المؤمنين أيضًا! ولا يحذو الكثير من أصحاب موقف معموديَّة الرُّضَّع حذو هذا، لذا تغدو حجَّتهم من هذا العدد الكتابيِّ ركيكة بلا مُنازع.

٣. في رومية ٤: ١١، يقول بولس إنَّ إبراهيم أخذ علامة الختان كختمٍ للتبرير بالإيمان.

يقول بولس في رومية ٤: ١١ إنَّ إبراهيم "أخَذَ عَلامَةَ الخِتانِ خَتمًا لبِرِّ الإيمانِ الّذي كانَ في الغُرلَةِ، ليكونَ أبًا لجميعِ الّذينَ يؤمِنونَ وهُم في الغُرلَةِ، كيْ يُحسَبَ لهُمْ أيضًا البِرُّ".

لذا يُعلِّم بولس أنَّ علامة الختان كانت لإبراهيم ختمًا للتبرير الذي ناله بالإيمان قبل أن يختتن. ومِن هذا، يعتقدُ أصحاب موقف معموديَّة الرُّضَّع أنَّ نسل إبراهيم الذين خُتِنوا في اليوم الثامن من مولدهم قَبلوا هذا الختم للتبرير بالإيمان قبل أن يشتركوا مع إبراهيم في إيمانه والتبرير الذي يتبع الإيمان. وبكلمات أُخرى، يعتقد أصحاب موقف معموديَّة الرُّضَّع أنَّ الله أمر إبراهيم أن يمنح علامة الختان "الموضوعيَّة" سواء كانت حقيقة التبرير بالإيمان "الاختباريَّة" حاضرة أم لم تكن. إضافة إلى هذا، يُجادل أصحاب موقف معموديَّة الرُّضَّع أنَّ المعموديَّة والختان يُشيران في الجوهر إلى الواقع المُماثل: إلى أنَّ الختان يُشير إلى التبرير بالإيمان، وأنَّ المعموديَّة تُشير إلى الاتِّحاد بالمسيح، الذي فيه نتبرَّر بالإيمان. ومن هذا يُكملون مُجادلين أنَّ المعموديَّة كما الختان، ينبغي أن تُطبَّق على أولاد أعضاء العهد بصفتها علامة "موضوعيَّة" عن الاتِّحاد بالمسيح سواء حضر واقع الإيمان أو لم يحضر بعد.

إلَّا أنَّ هذا لم يكن ما رمى إليه بولس في هذا النصّ؛ إذ يقصد بولس أن يُشير إلى الترتيب في التبرير والختان: تبرَّر إبراهيم بالإيمان قبل أن يختتن، إذ يأتي الإصحاح ١٥ من سفر التكوين قبل الإصحاح ١٧. ويُشير بولس إلى هذا ليُشدِّد على حقيقة أنَّ إبراهيم يُعدُّ "أبًا لجميعِ الّذينَ يؤمِنونَ وهُم في الغُرلَةِ" (رومية ٤: ١١). ما معناه أنَّ الأُمميِّين غير المختونين الذين يؤمنون يُعَدُّون مُبرَّرين كما عُدَّ إبراهيم مُبرَّرًا، ولا يحتاجون أن يختتنوا لينالوا بركات عهد الله، لأنَّ إبراهيم نفسه نال التبرير بالإيمان بينما لم يكن مختونًا.

وبكلماتٍ أُخرى، يتحدَّث بولس هُنا عن ختان إبراهيم، لا عن ختان أيِّ شخصٍ آخر، ويستعرض ما يعنيه أن يُبرِّر الله إبراهيم قبل يُعطيه عهد الختان. إذ لا يُعلِّم بولس أنَّ الختان في ذاته يُبرهن التبرير بالإيمان، بل أنَّ علامة الختان كانت ختمًا على إيمان إبراهيم بالله، وأنَّ الله أعطى إبراهيم الختان ليكون تأكيدًا على موقفه السليم أمام الله الذي ناله مُسبقًا. ولا يقصد بولس في كلامه معنى الختان لكلِّ الذين يأخذوه، بل ما عناه الله حينما أعطى الختان لإبراهيم.

ونهايةً، لا يذكرُ النصُّ المعموديَّة أصلًا، ولا يربطها بالختان، كما لا يفترض النصُّ أنَّ المعموديَّة والختان يُبيِّنان الحقيقة ذاتها وينبغي أن ينفَّذا بالطريقة ذاتها.

٤. رفضُ موقف معموديَّة الرُّضَّع يعني طرد الأطفال من الكنيسة.

يعتقد أصحاب موقف معموديَّة الرُّضَّع أنَّ الله شمل أولاد المؤمنين في شعبه تحت العهد القديم، لذا فإنَّ رفض تعميد الرُّضَّع يعني طرد الأطفال من الكنيسة. إلَّا أنَّ هذا يدفعنا لنسأل عن ماهيَّة الكنيسة وكيفيَّة تشكيلها. إذا كان الله يُشكِّل الكنيسة بتحقيق وعود عهده الجديد، فإنَّ الأطفال غير المؤمنين ليسوا "في" الكنيسة -جسد المسيح حول العالم ممَّن اتَّحدوا بالمسيح بالإيمان- سواء عمَّدناهُم أم لم نُعمِّدهم. ويَدَّعي أصحاب موقف معموديَّة الرُّضَّع أنَّ الذين لا يُعمِّدون الرُّضَّع أخذوا الأطفال الذين ينبغي أن يكونوا في الداخل وألقوهُم خارجًا، لكنَّهُم هم من جاءوا بالذين ما زالوا في الخارج إلى الداخل.

وبالطبع ينبغي للأطفال أن يُشمَلوا في حياة الكنيسة من ناحية العبادة مع الكنيسة والتعلُّم من الكنيسة واختبار المعنى الأعمق للشركة في الكنيسة؛ فالمعمدانيُّون يؤمنون كما يؤمن أصحاب موقف معموديَّة الرُّضَّع أنَّنا ينبغي أن نُربِّي أولادنا "بتأديبِ الرَّبِّ وإنذاره" (أفسس ٦: ٤). والتأديب والإنذار اللذان في الربِّ يعنيان الاشتراك بعُمقٍ في حياة الكنيسة بطُرُقٍ تتناسب مع عُمر الطفل ومستوى نُضجه وحالته الروحيَّة.

٥. رفضُ موقف معموديَّة الرُّضَّع يشرخُ وحدة الكتاب المُقدَّس وخطَّة الله الخلاصيَّة.

يُحبُّ أصحاب موقف معموديَّة الرُّضَّع تسليط الضوء على وحدة خطَّة الله الخلاصيَّة واستمراريَّتها، كما يُحبُّون إبراز الخيوط التي تربط الكتاب المُقدَّس بعضه ببعض. وعلى كُلِّ مسيحيٍّ أن يهتف "آمين" لهذا الموقف؛ إذ إنَّ لنا إلهًا واحدًا، لهُ خطَّة خلاصٍ واحدة، ليجمع شعبًا واحدًا من كُلِّ أُمَّة، مُخلِّصًا إيَّاهُ بتقديم يسوع المسيح نفسه مرَّة واحدة، ليرث هذا الشعبُ مواعيد الله في المسيح.

إلَّا أنَّ المسيحيَّ يحتاج أن يتعامل مع ما لا يستمرُّ في خطَّة الله الخلاصيَّة؛ مثلًا، أنَّنا لم نعُد نُقدِّم ذبائح في هيكلٍ في أُورشليم، وأنَّنا لسنا محكومين فيما بعد بناموس الله لنُمارس طقوس تطهيرٍ مُعيَّنة ولنتجنَّب أكلَ أطعمة مُعيَّنة ينصُّ عليها ناموس موسى، وما إلى ذلك. لذا على المسيحيِّ أن يجد نقطة التوازن بين ما يستمرُّ وما لا يستمرُّ في علاقة عهد الله قديمًا بعهده الجديد. وإذا أصرَّ بعضُ المسيحيِّين على أن يختن المؤمنون أولادهم

بحسب ناموس موسى، فكيف سيردُّ المسيحيُّون أصحاب موقف معموديَّة الرُّضَّع على ذلك؟ باتِّفاقٍ مع الرسول بولس، سيُصرُّون على أنَّ هكذا مؤمنين يُرجِعون عقارب ساعة تاريخ الفداء ويمسحون الفروقات بين عمل الله في العهد القديم وعمله في عهده الجديد.

ولا شكَّ أنَّ الجميع يرون ما استمرَّ وما لم يستمرُّ بين العهدين، القديم والجديد. واللغز يكمُنُ في العثور على نُقطة التوازن. لذا أُجادل، كما جادلتُ على مدى هذا الفصل، أنَّ تعميد الرُّضَّع يعني تصديق استمراريَّة ما أصرَّ العهدُ الجديد على عدم استمراريَّته، وأنَّ تعميد الرُّضَّع يجلبُ من العهد القديم إلى العهد الجديد الهيكليَّة التي فكَّكها العهد الجديد.

ببساطة لا يتناسب

إلى ماذا يؤول بنا هذا؟ ببساطة، إلى أنَّ معموديَّة الرُّضَّع ليست ما يعنيها الكتاب المُقدَّس عندما يذكُر المعموديَّة؛ إذ إنَّه لا يوصي بمعموديَّة الرُّضَّع ولا يخوِّل الكنائس ضمنيًّا بمُمارستها. ومهما كانت حُجَّة أصحاب موقف معموديَّة الرُّضَّع العهديَّة مُتقَنة، فإنَّها ببساطة لا تتناسب مع ما يعلِّمه الكتاب المُقدَّس عن المعموديَّة والعهد الجديد. معموديَّة الرُّضَّع ليست معموديَّة.

لذا إذا "تعمَّدت" رضيعًا، أرجو أنَّك فهمت الآن مِن الكتاب المُقدَّس أنَّ تلك "المعموديَّة" لم تكن معموديَّة أساسًا. وليس الحالُ أنَّ معموديَّة الرُّضَّع ركيكة في صِحَّتها، كسيَّارةٍ بناقل حركة مُعطَّل يُمكن أن يعمل إذا دفعته بقوَّة. بل الحالُ أنَّ معموديَّة الرُّضَّع ليست معموديَّة في الأصل، ومن "تعمَّدوا" عندما كانوا رُضَّعًا، لم يتعمَّدوا حقًّا، وما زالوا يحتاجون أن يتعمَّدوا.

إلَّا أنَّ بعض مَن يَصِلُون إلى هذا الفَهم يتردَّدون أن يتعمَّدوا، لأنَّهم يَعِدُّون المعموديَّة في هذه المرحلة انتقادًا لوالدَيهِم أو، على الأقلّ، يخافون أن يرى والدَيهم الأمر كأنَّه انتقادٌ لهما. ومع وجوب إكرام والدَينا، والتعبير عن الاختلاف اللاهوتيّ معهم باحترام واتِّضاع، فإنَّ يسوع وحده له طاعتنا المُطلَقة. لذا إن نظَرَ يسوع المسيح إلى المعموديَّة بطريقة تخالف نظرة والِدَينا إليها، علينا أن نُطيع يسوع لا والِدَينا (لوقا ١٤: ٢٦).

الفصل الرابع

لماذا تُشترَط المعموديَّة في عضويَّة الكنيسة؟

قد يقرأ بعضُكم هذا الكتاب لأنَّكم تُريدون الانضمام إلى كنيسة ويجب عليكُم أن تتعمَّدوا كي تنضمُّوا إليها. لكن لماذا تشترط الكنيسة المعموديَّة في العضويَّة أساسًا؟ هل هذا الطلبُ كتابيٌّ؟ ألا يَستثني هذا بعض المسيحيِّين الحقيقيِّين من العضويَّة، بما أنَّه لا يتَّفق المسيحيُّون فيما بينهم حول ما يُعدُّ معموديَّة؟

يُجيب هذا الفصل عن هذه الأسئلة جميعها باستعراض الحجَّة الكتابيَّة لاشتراط المعموديَّة في عضويَّة الكنيسة. وأودُّ أن أُوضِّح أنَّني بكلمة "معموديَّة" أعني معموديَّة المؤمن لا المعموديَّة التي ينالها الرضيع؛ إذ إنَّنا توصَّلنا في الفصل السابق إلى أنَّ "معموديَّة" الرُّضَّع ليست معموديَّة بحقّ.

كما يُخاطب هذا الفصل قادة الكنيسة، لكونهم يملكون الصلاحيَّة المُباشرة في تحديد ما إذا كانت كنيستهم ستُطالب بالمعموديَّة للعضويَّة أم لن تطلبها؛ وهدفي أن أُقنعكم أنَّه ينبغي لكم أن تفعلوا ذلك. وسأبني حُجَّتي بسبعة نقاط، ثُمَّ سأُجيب عن أقوى الاعتراضات.[٦]

سبعة أسباب تدفع اشتراط المعموديّة في عضويّة الكنيسة

لا يوجد نصٌّ يتحدّث بصورة مُباشرة وقاطعة عن هذه المسألة، لذلك نحتاج أن ندرس عددًا من النصوص الكتابيّة ونتتبّع التسلسل بينها. ومع أنَّ هذا الفصل يستخدم عددًا من المصطلحات أحيانًا، فإنَّ الحُجَّة هنا ببساطة ستُعمِّق معنى المعموديّة الذي بحثنا فيه في الفصل الأوَّل وتتوسّع به. إليك سبعة عوامل تُبيِّن، إذا أخذناها مع بعضها البعض، أنَّ الكتاب المُقدَّس يجعل المعموديّة شرطًا لعضويّة الكنيسة.

١. المعموديّة هي حيث يُعلَنُ عن الإيمان على الملأ.

تذكَّر تعريف المعموديّة الذي صِغناه في الفصل الأوَّل: المعموديّة هي عملٌ تؤدِّيه الكنيسة لتؤكِّد وحدة مؤمنٍ ما بالمسيح وتصوِّرها بتغطيسه في الماء، وهي عمليّةُ التزام المؤمن علنيًّا نحو المسيح وشعبه، وبذلك يتَّحد المؤمن بالكنيسة ويُفرَز عن العالم.

وبكلماتٍ أُخرى، المعموديّة هي الحدث الذي فيه يُعلَنُ عن الإيمان. حيث إنَّ الحياة المسيحيّة شهادة علنيّة عن المسيح (متّى ١٠: ٣١-٣٣)، فإنَّ هذه الشهادة تبدأ في المعموديّة. وفي يوم الخمسين، برز الذين آمنوا إثرَ عظة بطرس عن باقي الحشد حينما أعلنوا عن ولائهم للمسيح سيِّدًا ومُخلِّصًا بخضوعهم للمعموديّة (أعمال الرسل ٢: ٣٨-٤١). بالمعموديّة، "نُخرِج" أنفسنا من الجموع ونُصرِّح أنّنا مسيحيُّون، مُعرِّفين أنفُسنا بصفتنا خاصّة المسيح المصلوب والمُقام وشعبه.

وكما لاحظنا سابِقًا، أوصى يسوع تلاميذه أن يُتلمذوا آخرين بأن يكرزوا بالإنجيل ويُعمِّدوا التلاميذ ويُعلِّموهم أن يُطيعوا كلَّ ما أوصى به (متَّى ٢٨: ١٩). فلا عَجَب إذًا أنَّ بطرس أمر سامعيه في يوم الخمسين قائلًا: "توبوا وليَعتَمِدْ كُلُّ واحِدٍ مِنكُمْ علَى اسمِ يَسوعَ المَسيحِ لغُفرانِ الخطايا، فتقبَلوا عَطيَّةَ الرّوحِ القُدُسِ" (أعمال الرسل ٢: ٣٨). وإذا كُنتَ تدَّعي أنَّك تتبع المسيح، فإنَّ المعموديَّة أوَّل وصاياه التي ينبغي أن تُطيعها. وبعد أن تثق بالمسيح، فإنَّ المعموديَّة أوَّلُ ما يفعله الإيمان. وإن لم تتعمَّد بعد، فإنَّك لم تُنجز بعد أوَّل المهام على لائحة التلمذة التي أعطاها يسوع.

لماذا تُشترَط المعموديَّة في عضويَّة الكنيسة؟ لأنَّ الإيمان يُعلَنُ عنه في المعموديَّة، والحدث الأوَّل الذي يتجلَّى فيه الإيمان غير المرئيّ، والكيفيَّة التي يَكشِف فيها جهاز الكشف الخاصُّ بالكنيسة والخاصُّ بالعالم عن المسيحيّ. وهذه هي البذرة التي تنمو منها باقي الأسباب.

٢. المعموديَّة هي علامة القَسَم المُبادِرة الخاصَّة بالعهد الجديد.

لمَّا كانت المعموديَّة الطريقة التي يَلتزمُ المؤمن فيها نحو المسيح وشعبه، فإنَّها أيضًا علامة القَسَم المُبادِرة الخاصَّة بالعهد الجديد، أي الحدث الذي يُعبِّرُ علنًا عن وعد المُعمَّد بالثقة بالمسيح وبعيشه العهد الجديد.

بموت يسوع، دُشِّن عهد الله الجديد والموعود، كما ناقشنا في الفصل السابق (إرميا ٣١: ٣١-٣٤؛ لوقا ٢٢: ١٩-٢٠؛ عبرانيِّين ٨: ١-١٣). والقَسَمُ قد لا يُعبَّر عنُه بالكلمات فقط، إذ يُمكنُ أن يُعبَّر عنه بعملٍ أيضًا، بل قد يُعبَّر عنه بالأفعال فقط بدل الكلمات. لاحظ أنَّ الله عندما قَطَع عهدًا

مع إبراهيم، مشى بين أجزاء الحيوانات (تكوين ١٥: ١-٢١). وكانت علامة القَسَم هذه تُبرِمُ عهد الله مع إبراهيم وتنمُّ على أنَّه إن لم يكن الله أمينًا تجاه عهده، فإنَّه سيحمل بنفسه الدينونة. وبموت يسوع، حمل الله الابن الدينونة حقًّا- لا بسبب عدم أمانته، بل بسبب عدم أمانتنا نحن. أُبرِم العهد الجديد عندما دفع يسوع نفسُهُ ثمن خطايانا النهائيَّ (عبرانيِّين ٩: ١٥).

كان الختان لعهد الله قديمًا علامة القَسَم الذي يوثِّقُ دخول الفرد في العهد. وهكذا فإنَّ للعهد الجديد علامة قَسَمٍ -أو بالأحرى علامتان (وسنُشير إلى الثانية لاحقًا). أمَّا المعموديَّةُ فهي علامة القَسَم المُبادِرة؛ وبالمُبادِرة أعني أنَّها التعهُّد الرمزيِّ الوحيد الذي يوثِّق إقرار الفرد بالدخول إلى العهد الجديد، وأنَّ فيها ندعو الله أن يقْبَلنا بحسب شروط العهد الجديد (١بطرس ٣: ٢١)، ونعهَدُ أن نعمل، بنعمة الله، بكُلِّ ما يتطلَّبه العهد الجديد منَّا (متَّى ٢٨: ١٩). في المعموديَّة، نُعلِنُ أنَّ الله هو إلهنا، ويعلنُ هو أنَّنا شعبه. وفيها نَنذِر مُجيبين عن السؤال: "هل تقبل يسوع ربًّا وسيِّدًا لك؟"، بالعهد: "نعم، أقبل!".

لذا حينما تسأل الكنيسة: "من ينتمي إلى العهد الجديد؟"، فإنَّ جزءًا من الإجابة يكمُن في الإجابة عن السؤال: "من أعطى قَسَمًا؟"؛ ما يَسألُ فعليًّا عمَّن تعمَّد. وكما أنَّ الجُنديَّ لا يُعطى سلاحًا حتَّى يُقسِمُ بالولاء لبلده، لا يُمكنك أن تدخُل شركة العهد الجديد حتَّى تُقسم بقَسَم العهد. وحيث إنَّ الكنيسة هي مكانُ تجلِّي العهد الجديدُ على الأرض، المعموديَّة هي كيفيَّةُ تجلِّي المؤمن بصفته عضوًا في العهد الجديد. المعموديَّةُ مُهمَّةٌ لعضويَّة الكنيسة لأنَّ المعموديَّة هي علامة القَسَم المُبادِرة الخاصَّة بالعهد الجديد.

٣. المعموديّة هي جواز سفر الملكوت ومراسم أداء القَسَم الخاصّة بمواطني الملكوت.

ثالثًا، تُعَدُّ المعموديَّة جوازَ سفر الملكوت ومراسم أداء القَسَم الخاصَّة بمواطني الملكوت. وكما رأينا في الفصل الأوَّل، حينما بشَّر يسوع بملكوت السموات، أسَّس الكنيسة كسفارة لذلك الملكوت، معطيًا إيَّاها "مفاتيح الملكوت" من أجل أن تُعرِّف العالم بمواطني الملكوت بالتصديق على اعترافهم الموثوق بالإيمان بيسوع (متّى ١٦: ١٩؛ ١٨: ١٨-١٩). أمَّا المعموديَّة، فهي الوسيلة المبدئيَّة التي تُبادر بها الكنيسة بالتعريف عن الأفراد بوصفهم مواطنين في الملكوت (متّى ٢٨: ١٩)، وكأنَّ الكنيسة بالمعموديَّة تُصرِّح قائلةً: "هذا ينتمي إلى يسوع!".

كما تُعَدُّ المعموديَّةُ جوازَ سفر الملكوت؛ وما دُمنا نُصبح مواطنين في هذا الملكوت بالإيمان بالمَلِك، فإنَّ الكنيسة تعترفُ بجنسيَّتنا بواسطة المعموديَّة وتؤكِّدها. إضافة إلى أنَّ المعموديَّة تُمكِّن سفاراتٍ أُخرى للملكوت -أي كنائس محلِّيَّة أُخرى- من التعرُّف إلينا بصفتنا مواطنين في الملكوت.

ومن منظورٍ آخر، يُمكن أن تُشبَّه المعموديَّة بمراسم أداء القَسَم التي فيها نتولَّى منصب تمثيل المسيح وملكوته على الأرض. لذا، حتَّى تعترف الكنيسة بشخصٍ ما بصفته مواطنًا في الملكوت، يحتاج المواطن أن يُصدر جواز سفره الخاصّ. وهكذا، تُعدُّ المعموديَّة مُهمَّة في عضويَّة الكنيسة لأنَّها جواز سفر الملكوت ومراسم أداء القَسَم الخاصَّة بمواطني الملكوت.

٤. المعموديَّة هي مدلولٌ ضروريٌّ تُميِّزُ به الكنيسة المسيحيِّين.

السبب الرابع لضرورة المعموديَّة في عضويَّة الكنيسة ينبثق من النقاط الثلاث الأولى؛ فلأنَّ المعموديَّة هي الطريقة التي تُعرِّف بها الكنيسة علنًا عن شخصٍ ما بأنَّه مسيحيٌّ، فإنَّها تُصبح مدلولًا ضروريًّا تستدلُّ به الكنائس على المسيحيِّين الحقيقيِّين. وما هذا التعريف إلَّا لأجل الاستدلال. فإن أراد لاعبٌ الاستدلال على زميله في الملعب ليُمرِّر له الكُرة، يبحثُ بين اللاعبين عمَّن يلبس اللون ذاته. وهكذا هي المعموديَّة - لباس الفريق الخاصّ بالمسيحيَّة.

وبالنتيجة، نجِدُ أنَّ المعموديَّة مدلولٌ ضروريٌّ -مع إنَّه ليس كافٍ- يساعد الكنيسة على الاستدلال على المسيحيِّين. إذ لا يكفي أن يدَّعي أحدُهُم أنَّه مسيحيٌّ، أو يدَّعي الجميع في الكنيسة أنَّ أحدِهِم مسيحيٌّ؛ لأنَّ يسوع قد وضع الحُكمَ في علامة المعموديَّة بصورةٍ مبدئيَّة. أي إنَّه أعطانا المعموديَّة، جُزئيًّا، من أجل أن نُميِّز بعضنا عن العالم. وبهذا ترسُم المعموديَّة خطًّا واضحًا بين الكنيسة والعالم، واسمةً المسيحيِّين بصفتهم مسيحيِّين. وهكذا تكون المعموديَّةُ ضروريَّةً في عضويَّة الكنيسة؛ فليس للكنيسة صلاحيَّة تأكيد أنَّ أحدِهِم عضوٌ في فريق يسوع دون أن يلبس هذا الشخص لِباس الفريق.

٥. المعموديَّةُ علامةٌ مُفعِّلة لعضويَّة الكنيسة.

خامسًا، المعموديَّة علامةٌ مُفعِّلة لعضويَّة الكنيسة. وهذه أيضًا مُستنبطةٌ من النقاط الثلاث الأولى. فإن كانت المعموديَّة هي الحدثَ الذي يُعلَنُ عن الإيمان على الملأ، وعلامة القَسَم المُبادِرة الخاصَّة بالعهد الجديد، وجواز سفر الملكوت ومراسم أداء القَسَم الخاصَّة بمواطني الملكوت، فإنَّ المعموديَّة

علامة مُفعِّلة لعضويَّة الكنيسة. ولهذا، تأتي المعموديَّة بالواقع الكنسيِّ التي تُشير إليه، أي انتماء مسيحيٍّ ما إلى كنيسةٍ محليَّة، وتأكيد الكنيسة المحلِّيَّة تلك على اعتراف المسيحيِّ بالإيمان وضمِّهِ فيها.

إذا كانت العضويَّةُ في الكنيسةِ منزلًا، فإنَّ المعموديَّة باب المنزل، وبمُرورِك من خلال الباب، تدخُل المنزل. وليست المعموديَّة مُجرَّد مُتطلّبٍ سابق لعضويَّة الكنيسة، بل ما يَمنَح عضويَّة الكنيسة. المعموديَّة تبتدئ عضويَّة الكنيسة؛ فللمؤمن الجديد، المعموديَّة هي طريقة العهد الجديد للاشتراك في الكنيسة. وهكذا، فلأنَّ المعموديَّة مُفعِّلة لعضويَّة الكنيسة، هي ضروريَّة لعضويَّة الكنيسة.

٦. العشاء الربَّانيُّ هو العلامة الأخرى في عضويَّة الكنيسة.

ذكرتُ تحت النقطة الثانية أنَّ عهد الله الجديد يأتي مع علامتين، الأولى منها هي المعموديَّة، علامة القَسَم المُبادِرة. أمَّا الثانية، فهي العشاء الربَّانيُّ، علامة القَسَم المُجدِّدة. فحينما نشترك معًا في تناول الخُبز والكأس، نلتزم من جديد نحو المسيح وعهده الجديد.

إلَّا أنَّنا لا نُباشر بهذا أفرادًا، إنَّما معًا بصفتنا كنيسة واحدة (١كورنثوس ١١: ١٧-١٨، ٢٠، ٣٣-٣٤). لذا فإنَّ الاشتراك بالعشاء الربَّانيِّ يأتي بالمسؤوليَّة على الكنيسة، وإذا أكلنا وشربنا بأسلوبٍ يزدري بالجسد فإنَّ هذا يُنكِر عشاء الربِّ ويستوجب دينونة الله (١كورنثوس ١١: ٢٧، ٢٩). وهكذا، مثلما نعهَد بأنفُسنا للربِّ بالعشاء الربَّانيِّ، فإنَّنا أيضًا نعهَد بأنفسنا لبعضنا البعض، وبالمُمارسة ذاتها التي نقبَلُ بها مُجدَّدًا يسوع مُخلِّصًا، نقبَلُ بعضنا بعضًا بصفتنا إخوة وأخوات.

يعني هذا أنَّ العشاء الربَّانيَّ هو العلامة الفاعِلة الأُخرى الخاصَّة بالعهد الجديد. وكما يقول بولس: "فإنَّنا نَحنُ الكَثيرينَ خُبزٌ واحِدٌ، جَسَدٌ واحِدٌ، لأنَّنا جميعَنا نَشتَرِكُ في الخُبزِ الواحِدِ" (١كورنثوس ١٠: ١٧). فالعشاءُ الربَّانيُّ لا يصوِّرُ وحدتنا فقط، إنَّما يُثبِّتها ويختم عليها أيضًا. وبتمثيله لشركتنا بعضنا مع بعض، يجعل العشاء الربَّانيُّ الكثيرين واحدًا. ومن هذا، فإنَّ عضويَّة الكنيسة هي في المقام الأوَّل الانضمامُ إلى المائدة، والتأديبُ الكنسيُّ هو في المقام الأوَّل استبعادُ الفردِ عن المائدة.

المعموديَّةُ شرطٌ لعضويَّة الكنيسة لأنَّك لا تستطيع أن تشترك في العلامة المُجدِّدة لقَسَم العهد الجديد (العشاء الربَّانيُّ) حتَّى تقوم بعلامته المُبادِرة (المعموديَّة). ولا يُمكنك أن تشترك في مائدة العائلة المعروفة باسم العشاء الربَّانيِّ حتَّى تدخل البيت من الباب الرئيسيِّ المدعوِّ بالمعموديَّة.

٧. دون المعموديَّة، لا وجود للعضويَّة.

إلى ماذا يؤول كلُّ هذا؟ ببساطة، إلى هذا: لا يُمكنُنا أن نلغي المعموديَّة من مُتطلَّبات عضويَّة الكنيسة لأنَّه دون المعموديَّة، لا وجود للعضويَّة. أمَّا مُصطلحُ "العضويَّة" فمصطلحٌ لاهوتيٌّ يُعنى بالعلاقة بين المسيحيِّ والكنيسة والتي تفترضها فرائض الكنيسة وتصنعها. ويُستدلُّ على علاقة عضويَّة الكنيسة هذه في صفحات أسفار العهد الجديد حينما يُدعى بعض الأشخاص أنَّهُم "من داخل" الكنيسة وآخرون أنَّهُم "من خارج" (١ كورنثوس ٥: ١٢).

تُصدِّق المعموديَّة والعشاء الربَّانيِّ على العلاقة العهديَّة، والتي هي عضويَّة الكنيسة؛ لهذا لا وجود لعضويَّة دون معموديَّة. والعضويَّة دون

معموديَّة، تشبهُ زواجًا دون عهود الزواج. حيث إنَّ الزواج علاقة عهديَّة تنشأ بعهود الزواج، فإنَّ عضويَّة الكنيسة علاقة عهديَّة تنشأ بعلامتي القَسَم: المعموديَّة والعشاء الربَّانيّ. وكما لا يُمكنك أن تكون في علاقة دون القَسَم الذي يُنشئها، لا يُمكنك أن تكون في عضويَّة الكنيسة دون معموديَّة.

تُذكِّرنا حقيقة أنَّ الفرائضَ علاماتٌ مُفعِّلة لعضويَّة الكنيسة أن نُبقي فهمنا لعضويَّة الكنيسة والفرائض مترابطٌ بعضه ببعضٍ بإحكام. وإذا كان مفهومنا عن عضويَّة الكنيسة لا يلتحم بالفرائض بإحكام، تُصبح أفكارنا عن عضويَّة الكنيسة غير كتابيَّة. في الكتاب المُقدَّس، تصِفُ عضويَّة الكنيسة العلاقة التي تصنعها الفرائض.

ألا يستثني هذا المسيحيِّين الحقيقيِّين من العضويَّة؟

يعني هذا أنَّه يجب على الكنائس أن تُطالب من الراغبين في الانضمام إليها أن يتعمَّدوا -أن يتعمَّدوا لأنَّهم مؤمنين. لكن ألا يعني هذا أنَّ بعض المسيحيِّين الحقيقيِّين سيُستَثنُون من العضويَّة، بالتحديد من يَعِدُّون "معموديَّتهم" في سنِّ الرِّضاعةِ معموديَّة كتابيَّة؟

قد يَعِدُّ الكثير من المسيحيِّين الأمر بديهيًّا أنَّ الكنيسة يجب ألَّا تستثني أيَّ أحدٍ من العضويَّة إن كانوا متأكِّدين من أنَّه مسيحيّ، وهذا أمرٌ صحيحٌ تقريبًا برأيي. إلَّا أنَّ المُشكلة تكمُن في حقيقة أنَّ المعموديَّة تندرج تحت قائمة "كيف تعرف الكنيسة بأنَّ أحدهم مسيحيّ؟". إذ ليست المعموديَّة متطلَّبًا منفصلًا للعضويَّة يُضاف إلى اعترافِ إيمانٍ موثوقٍ؛ إنَّما هي الطريقة التي يعترفُ فيها أحدهم بالإيمان علنًا.

وهكذا، فإنَّ المعموديَّة عاملٌ ضروريٌّ -وإن كان غير كافٍ وحده- لتعرف الكنيسة المسيحيَّ عن غيره. وحتَّى إن كان جميع أعضاء الكنيسة مقتنعين أنَّ أحدًا ما مسيحيٌّ مع إنَّه لم يتعمَّد، فإنَّ يسوع قد ربط حُكم الكنيسة، إلى جانب تأكيد العضويَّة بصورة رسميَّة وعلنيَّة، بالمعموديَّة. ولم يُعطِ يسوع الكنيسة صلاحيَّة تأكيد إيمانِ أحدِهِم حتَّى يُعترف بذلك الإيمان علنًا بالمعموديَّة.

وبسبب طبيعة المعموديَّة وعملها، فإنَّ الكنيسة تبقى بلا حُجَّة كافية لتُقدِّم العضويَّة لمن لم ينَلْ هذه العلامة الفاعلة. كما يجب على الكنيسة ألَّا تَقبَل مُشاركة أحدِهِم بعلامة القَسَم المُجدِّدة للعهد الجديد (العشاء الربَّانيّ) إن لم ينَلْ في المقام الأوَّل علامة القَسَم المُبادِرة. والعمل بخِلاف ذلك ما هو إلَّا الابتعاد عن الوسائل التي عيَّنها يسوع لتُميِّز شعبه عن بقيَّة العالم ولتربطهم بعضهم ببعضٍ. وإذ ترسُم المعموديَّة خطًّا بين الكنيسة والعالم، لا يصحُّ لنا أن نرسمه في مكانٍ آخر.

تَصوَّر أنَّك على وشك ركوب طائرة، ونسيت تذكرة الطائرة عند نُقطة التفتيش السابقة لبوَّابة الطائرة. ماذا سيحصُل حينما يطلب منك المسؤول عن بوَّابة الطائرة التذكرة؟ إذ قُلت إنَّك كُنت تمتلك التذكرة لكنَّك سلَّمتها لأحدِهِم، لن يأخذك هذا إلى أيِّ مكان؛ فالمسؤول عن دخول المُسافرين إلى الطائرة يحتاج أن يرى التذكرة ليسمح لك بالدخول، إذ إنَّه ليس مخوَّلًا بإدخالك في أيِّ ظرفٍ آخر. وكما أنَّ تذكرة الطائرة تُعرِّفك بوصفك مسافرًا في تلك الرحلة، تُعَرِّف المعموديَّة عنك بوصفك مسيحيًّا، ومن هذا بوصفك مؤهَّلًا للانضمام إلى الكنيسة.

يصف "جون داغ" (John Dagg)، اللاهوتيُّ المعمدانيُّ من القرن التاسع عشر الأمر بهذه الكلمات: "الاعتراف بالإيمان ضروريٌّ في عضويَّة الكنيسة، وكذلك المعموديَّة ضروريَّة، حيث إنَّها مراسم اعتراف الإيمان المُعيَّنة. الاعترافُ بالإيمان هو الجوهر، أمَّا المعموديَّةُ فالمظهر الخارجيّ؛ ووصيَّة المسيح تُطالب بالمظهر مع الجوهر".[٧] لهذا يُرفَضُ إعطاء أصحاب موقف معموديَّة الرُّضَّع عُضويَّة الكنيسة، لا لأنَّهم يفتقرون إلى الجوهر، إنَّما لأنهم يفتقرون إلى القالب. حتَّى إن ظننتَ أنَّك مُعمَّدٌ، وإن كان ذلك على أساس تفسيرٍ ما منمَّقٍ وشائع للنصِّ الكتابيِّ، لا يعني هذا أنَّك مُعمَّد. وكذلك الكنيسة؛ إذ لا يصحُّ أن تَقبَل في العضويَّة من لم يكُن مُعمَّدًا، مثلما لا يُمكن لمسؤول تذاكر الطيران أن يقبل دخول مُسافرٍ ما دون تذكرة الرحلة.

من المُزعج إقصاء مسيحيٍّ أمينٍ وتقيٍّ يتَّخذ موقف معموديَّة الرُّضَّع من عضويَّة الكنيسة، إلَّا إنَّه يجب أن يكون أكثر إزعاجًا أن نعكس الدور الذي منحه المسيح للمعموديَّة، وأن نجعل إحدى وصاياه اختياريَّة، وأن نُقلِّل من قيمة سلطانه في الكنيسة. وينبغي أن يُزعجنا أن نسمح لمسيحيٍّ ما أن يستمرَّ في عصيانه لوصيَّة المسيح، وأن يُرفِق موافقة الكنيسة مع هذا العصيان. وينبغي أن يُزعجنا إخفاء الاعتراف العلنيِّ بالإنجيل وجعله يقتصر على الفرد. وينبغي أن يُزعجنا محاولة تجميع الكنيسة بوسائل غير تلك التي عيَّنها المسيح لتخدم هذا القصد.

وضع الحدود

عيَّن يسوع المعموديَّة، جُزئيًّا، لتُميِّز شعبه عن العالم. لذا تُصوِّر المعموديَّة والعشاء الربَّانيُّ بِشارة الإنجيل وتُعلنها وتحفظها بالتعريف عن شعب المسيح علنًا.

تصوِّر المعموديَّة موتنا للخطيَّة وقيامتنا لحياة جديدة في المسيح، وتختم على التزامنا نحو المسيح وشعبه، وتضع حدًّا بين الكنيسة والعالم مُصرِّحةً: "انظر أيُّها العالم: أمعِنْ في طبيعة شعب رسالة الإنجيل".

ولمَّا كانت المعموديَّة ترسم حدًّا بين الكنيسة والعالم، فإنَّها تضع حدًّا أيضًا حول الكنيسة جامعة الفرد مع الكثيرين، والمؤمن مع جماعة شعب الله العلنيَّة على الأرض. ولهذا فإنَّ المعموديَّة علامة فاعلة من نحو عضويَّة الكنيسة.

ومن هذه الأسباب جميعها، تُشترط المعموديَّة في عضويَّة الكنيسة. وقد تكون مُهتمًّا بالانضمام إلى كنيسة ما، إلَّا أنَّ مطالبتهم بالمعموديَّة قد عطَّلك عن ذلك. إذا كان الأمر كذلك، أتمنَّى أن تكون قد أدركت بعد قراءتك هذا أنَّ يسوع لم يُطالبك وحدك بالمعموديَّة، بل طالَبَ الكنيسة أيضًا بمُطالبتك بالمعموديَّة. وإن كُنت قائدًا في الكنيسة، أتمنَّى أنَّك أدركت حاجة كنيستك إلى المُطالبَة بالمعموديَّة ممَّن ينادون بالمسيح مخلِّصًا لهم -تمامًا كما أوصى المسيح بذلك.

الفصل الخامس

متى تكون "المعموديّة" ليست معموديّة؟

ابنتي الصغيرة مهووسة جدًّا بالديناصورات بصورة ظريفة. وغالبًا ما تستيقظ صباحًا وتتساءل: "هلّا تلعب معي بالديناصورات؟". وفي الليل، تأتي أحيانًا حاملةً دُمية ديناصور ترايسيراتوبس إلى سريرها الذي أُلصق فوقه مُلصقٌ فيه صُور الديناصورات وأسماؤها. ومع أنَّها تبلغ من العُمر سنتين ونصف السنة، فإنَّها تستطيع تمييز عشرات أنواع الديناصورات بالنظر إلى أذيالها ورؤوسها. وإذا سألتها مثلًا: "هل هذا براكيوسوراس؟"، قد تُجيبك: "لا، هذا أباتوسوراس! البراكيوسوراس له عُنق أطول".

ولنتمكّن من معرفة ماهيَّة شيء ما، نحتاج أن نعرِف ما ليس هو. وما دام تركيزنا انصبَّ في الفصول السابقة بصورةٍ عامَّة على ماهيَّة المعموديَّة، سنلتفت الآن إلى ما هو ليس معموديَّة. والسبب وراء هذا له وجهان: الأوَّل، بطريقة تعريفنا للمعموديَّة، قد يتساءل بعض القرّاء الذين تعمَّدوا سابقًا ما إذا كانوا تعمَّدوا حقًّا. ثانيًا، يحتاج قادة الكنيسة بالتحديد في أغلب الأحيان أن يحكموا في ما إذا كانت "معموديَّة" مؤمنٍ ما مُرشَّحٍ للعضويَّة حقيقيَّة. لهذا سنستعرض أربعة مشاهد شائعة ليست "المعموديَّة" فيها معموديَّةً حقًّا.

إذا "تعمَّدت" رضيعًا

استنتجنا في الفصل السابق أنَّ "معموديَّة" الرُّضَّع ليست معموديَّة بالحقيقة. مهما كانت نوايا المسيحيِّين الذين يمارسون معموديَّة الرُّضَّع طيِّبة، ومهما كانت حُججهم الكتابيَّة فذَّة، ببساطة لا يخوِّلنا الكتاب المُقدَّس بتعميد الأولاد الرُّضَّع للمؤمنين. المعموديَّة علامةٌ على أنَّ بشارة الإنجيل تعمل في حياة شخصٍ ما، وأنَّه اتَّحد بالمسيح حقًّا، إذ تُشير المعموديَّة إلى وعدٍ تحقَّق.

لذا إن "تعمَّدت" رضيعًا، ما زلت في حاجة لأن تتعمَّد -للمرَّة الأولى. ومهما كانت نوايا الكنيسة التي "عمَّدتك" نبيلة، يبقى حالك حال من قَبِل المسيح ولم يتعمَّد بعد.

إذا تعمَّدت بوصفك "مؤمنًا" لا مؤمنًا

يتعمَّد البعض بمشيئتهم الخاصَّة، عادِّين المعموديَّة اعترافًا بالايمان بالمسيح، لكنَّهم يكتشفون لاحقًا أنَّهم لم يكونوا مؤمنين يوم معموديَّتهم. لاحظ المشاهد المُختَلَقة التالية:

> تعمَّدتُ في سنِّ الثالثة عشر، قبل أن بدأت بالسير مع الربِّ بحقّ. وكان هذا بعد أن درسنا الموضوع في درس الكتاب الخاصّ بالشبيبة، وسُئِلنا ما إذا أردنا أن نتعمَّد. ولمَّا كان الأغلب مُقبلين على الأمر، قرَّرت أن أتعمَّد معهم أيضًا. أذكُرُ أنِّي كُنت مُحرجًا أن أُخبر أصدقائي في المدرسة عن الأمر وأن أدعوهم إلى حضور المعموديَّة.

> أمَّا الربُّ، فقد عمل في حياتي حقًّا حينما كُنتُ في العشرين من العُمر، وهذا هو الوقت الذي يُمكن أن أقول إنَّه الوقت الذي فتح فيه عينَيَّ على المعنى الحقيقيِّ لاتِّباع يسوع. في أفضل حال، كان ينبغي أن أتعمَّد حينها، لكنَّه من الواضح أنَّني سبق وتعمَّدت. يُهمُّني أن أسمع ما رأيك بأن أتعمَّد للمرَّة الثانية وإن كان هذا ضروريًّا.[٨]

إذًا، لا يعتقدُ هذا أنَّه كان مؤمنًا حين تعمَّد، إذ إنَّ هذا حصل "قبل أن يسير مع الربِّ بحقٍّ"، وكان دافعه للمعموديَّة أن يُجاري الآخرين: "أغلب المقبلين على الأمر من درس الكتاب الخاصِّ بالشبيبة". وإذ تعامل مع المعموديَّة لا بصفتها فُرصة علنيَّة لإعلان الولاء للمسيح أمام كلِّ من يأبه أن يعرف، بل حاول إخفاءها قدر المستطاع بِعَدم إخبار أصدقاء المدرسة. وكما يُخبرنا في سرده للأحداث، يبدو أنَّه أقبَلَ إلى فهمٍ سليمٍ للتلمذة مع المسيح، ووثق بيسوع حقًّا، بعد سنوات عدَّة.

إذًا، هل ينبغي أن يتعمَّد هذا مُجدَّدًا للمرَّة الثانية؟ كلَّا، وبالطبع لا. إذ ينبغي أن يتعمَّد -معموديَّته الأولى. إذ إنَّك تعمَّدت نهائيًّا، حينما تعمَّدت حقًّا. أمَّا إذا لم تكن مسيحيًّا وقت "معموديَّتك"، وتُدرك يقينًا أنَّ معموديَّتك وقتها لم تكن اعترافًا صادقًا بالثقة بالمسيح وإعلان ولاءٍ وخضوعٍ حقيقيٍّ للمسيح، فإنَّ "معموديَّتك" لم تكن معموديَّة. وإن كان هذا يصفُ حالك، ما زلت في حاجة لأن تتعمَّد.

وما زال هناك مشهدٌ آخر بحاجةٍ إلى النقاش. لاحظ هذا المشهد المُختلق -والشائع في الوقت نفسه- الذي يَحكي قصَّة هذه الشابَّة:

> تربَّيت في بيتٍ مسيحيٍّ علَّمني فيه والديَّ بشارة الإنجيل، وعندما كُنتُ في السادسة من العُمر، صلَّيتُ مع والِدِي لأقبل المسيح. أذكُرُ أنَّني شعرت بثِقل خطاياي وأدركتُ أنَّ يسوع مات على الصليب ليُخلِّصني. وتعمَّدتُ بعد ذلك ببضعة أشهر. ومُنذ ذلك الوقت فصاعدًا، نظرتُ إلى نفسي بصفتي مسيحيَّة، مُدركةً أنَّ ذلك يعني الوثوق بيسوع والعيش بحسب كلمته.
>
> إلَّا أنَّ سنوات المُراهقة اتَّسمت بالشكّ. وبدَأَتِ الأسئلة تراود ذهني حول مصداقيَّة الكتاب المُقدَّس، ولم يُعجبني الكثير ممَّا قاله الكتاب. ولمَّا صلَّيتُ لم أشعر دائمًا بوجود الله. ومع أنَّني لم أحيا تمرُّدًا سيِّئًا، فقد كانت حياتي أشبهَ بحياة أصدقائي غير المؤمنين بدلًا من العيش كما ينبغي أن يعيش المسيحيّ؛ فأحيانًا كُنتُ أغشُّ في امتحانات المدرسة، وأحيانًا أُخرى كُنتُ أكذبُ على والِدَيَّ ولا أُخبرهم إلى أين كُنتُ أذهب ليلًا لئلَّا يعلما أنَّني كُنتُ أذهب لأحتسي المشروبات الكحوليَّة مع أصدقائي.

> أبلُغ اليوم العشرين من العُمر، إلَّا أنَّني لستُ متأكِّدةً من الوقت الذي صرتُ فيه مسيحيَّةً. وأشعر أنَّ إيماني صار حيًّا حقًّا في السنوات القليلة الماضية، وأنَّني نضجتُ روحيًّا أكثر من السنوات العشر السابقة. لذا إن لم أكُن متأكِّدة من أنَّني كُنتُ مسيحيَّة عندما تعمَّدت، هل يجب أن أتعمَّد الآن، لأكون متأكِّدة؟

هذه الحالة أكثر تعقيدًا؛ فمن ناحية، تعمَّدت هذه الشابَّة استجابةً لسماع الإنجيل والإيمان به، على ما يبدو. ويبدو أنَّ هناك ثمارًا روحيَّة في بداية الأمر. لكن ماذا نفعل بسنوات المراهقة تلك؟ ومع أنَّها لم تتوقَّف عن النظر إلى نفسها بصفتها مسيحيَّة، هل كانت تحيا بصفتها مسيحيَّة حقًّا؟ ولمَّا صارت ناضِجة، تصعَّبت فكرة أنَّها في صِغرها وثقت بالمسيح حقًّا إثر تاريخها المشوَّش. فماذا نعمل؟

أعتقد أنَّ من تعمَّد سابقًا اعترافًا منه بالإيمان بالمسيح، ينبغي له أن "يتعمَّد ثانيةً" إذا كان مقتنعًا بقوَّة أنَّه لم يكُن مؤمنًا بحقٍّ وقت المعموديَّة. والأمر إنَّما يعود في نهاية الأمر إلى الشخص نفسه ليحكُم فيه، بمساعدة قادة كنيسةٍ أتقياء. قُصِدَ للمعموديَّة أن تصير مرَّةً واحدة، ولا ينبغي أن تُعاد على أساس مُجرَّد شكوك.

وفي الحالة التي ذكرناها، يبدو أنَّ هذه الفتاة فهمت رسالة الإنجيل بصدق واعتنقتها في سنواتها الباكرة. وحتَّى في سنوات المُراهقة اللاحقة تلك، لا يبدو أنَّها باعت نفسها لأسلوب حياة يمتاز بخطيَّة لم تُرِد التوبة عنها،

كما لم تُنكر إيمانها بالمسيح بتاتًا. ومن السهل للمرء أن ينظر إلى الخلف ويخلط ما بين إيمانٍ طفوليٍّ وعدم وجود إيمان، أو أن يقيِّم إيمان طفلٍ أو مُراهقٍ بمعايير إيمان بالغ وثماره الروحيَّة. فليس الأمر سيَّان لو أنكَرَتْ إيمانها بالمسيح أو توغَّلت في خطايا جادَّة وعلنيَّة لم تُرد الاعتراف بها والتوبة عنها. على ما يبدو لي، أعتقد أنَّها ينبغي أن تُعامل اعترافها بالإيمان في تلك المرحلة المبكِّرة بكونه صادقًا، إلَّا أنَّني أُكرِّر قولي إنَّ الأمر يعود إليها لتُقرِّر، وإنَّها ينبغي أن تطلب المعموديَّة -وينبغي للكنيسة أن تُعمِّدها- في حالة أنَّها مقتنعة يقينًا أنَّها لم تكُن مسيحيَّة وقتما تعمَّدَتْ.

إذا كانت الكنيسة التي عمَّدتك تُنكر الإنجيل

المعموديَّةُ رمزٌ إلى بشارة الإنجيل؛ إذ إنَّها تصوِّر بطريقةٍ عميقة الأخبارة السارَّة بيسوع المسيح الذي يَجِدُ الخاطئ ويحرِّره. ويعني أن تتعمَّد أنَّك تحتضن يسوع وعمله المُخلِّص. ولهذا فإنَّ المعموديَّة تركِّز على الإنجيل؛ فمن دون إنجيل، لا معموديَّة.

أمَّا إذا كان كلُّ مسيحيٍّ مخوَّلًا بأن يُعمِّد فقط لكونه مسيحيًّا، فإنَّ الكنيسة خرجت من المُعادلة. لكن ما دام يسوع فوَّض الكنيسة بأن تُصرِّح رسميًّا على الأرض بالنيابة عن السماء، ففي الوضع الاعتياديِّ، تتولَّى الكنيسة وحدها القيام بالمعموديَّة. ووحده كيانُ المؤمنين الذي يعترف ببشارة الإنجيل ويُعلنها يحقُّ له أن يدعو نفسه كنيسة.

أحيانًا، تدعو بعض الجماعات التي تدَّعي المسيحيَّة نفسها بأنَّها "كنائس"، مع أنَّها انحرفت عن حقِّ الإنجيل لدرجةِ أنَّها فعليًّا تُنكره. فمثلًا،

إذا علَّمت كنيسةٌ أنَّ موت المسيح كان مُجرَّد استعراضٍ عن محبَّة الله المشتاقة إلى البشريَّة، وأنَّ قيامته لم تكُن جسديَّة بل مُجرَّد انطباعات روحيَّة في قلوب تلاميذه، فإنَّ هذه الكنيسة قد استبدلت برسالة الإنجيل إنجيلاً كاذب. وكما عبَّر بولس عن الأمر: ما يقلُّ عن الإنجيل الرسوليِّ الأصليِّ، ليس إنجيلًا على الإطلاق (غلاطيَّة ١: ٦-٧).

كما تُنكر بعض الكنائس بشارة الإنجيل بطريقة عمليَّة بما تؤمن به من نحو المعموديَّة نفسها. فمثلًا، إن تعاملت كنيسةٌ ما مع المعموديَّة لكونها قادرة على الخلاص، بإعطاء المغفرة والولادة الجديدة، فإنَّ هذه الكنيسة وضعت المعموديَّة في مكان رسالة الإنجيل. ومع أنَّ رسالة الإنجيل والمعموديَّة لا تنفصلان، بأن أُوصيَ كُلُّ من يُؤمن بأن يتعمَّد، وبأنَّ المعموديَّة تعترفُ برسالة الإنجيل وتعلنها، فإنَّ المعموديَّة يجب ألَّا تُعادَلَ برسالة الإنجيل أو تُستبدَل بها.

ليست الكنيسةُ التي تُنكر بشارة الإنجيل عمليًّا كنيسةً في بادئ الأمر، ممَّا يعني أنَّها ليست مخوَّلة من يسوع بأن تُعمِّد الناس باسمه. ومن ثَمَّ فإنَّ "المعموديَّة" التي تقوم بها كنائس مُنكِرة للإنجيل كهذه، ليست في الحقيقة معموديَّة.

وإن بدا هذا المشهد مألوفًا لك، كيف لك أن تتحقَّق ممَّا إذا كانت الكنيسة التي عمَّدتك تُنكر رسالة الإنجيل؟ الأمر مُعقَّدٌ بعض الشيء. فإذا كان لديك بعض الظنِّ أنَّ هذه حالُك، أُشجِّعك أن تطلب المساعدة من شيوخ الكنيسة التي تحضرها الآن.

ودعني أكون واضحًا: لا وجود لكنيسة لها عقيدة مثاليَّة، ولا وجود لواعظٍ معصوم، لذا لا أقول إنَّ المعموديَّة صحيحةٌ فقط إذا كانت الكنيسة قويمة عقائديًّا بالتمام. ولا أقول أيضًا إنَّ المعموديَّة التي يُجريها الراعي الذي يُثبت أنَّه ليس أمينًا بالتمام لبشارة الإنجيل التي يعظ بها، معموديَّةٌ باطلة. بل أقول إنَّ بشارة الإنجيل التي تلِدُ الكنيسة في بداية الأمر، هي نفسها التي تخوِّل الكنيسة بأن تُعمِّد وتسمح للمؤمن أن يتعمَّد. لستُ مُهتمًّا بالرجل الذي يُعمِّد أكثر من اهتمامي بالكنيسة التي تُعطيه الصلاحيَّة بذلك؛ فمن أجل أن تُجري الكنيسة المعموديَّات، تحتاج أن تؤكِّد بشارة الإنجيل بصورتها الكتابيَّة وتُعلنها.

إذا لم يكُن هناك أيَّ صِلة كانت بين المعموديَّة والكنيسة

الموقف الأخير سيكون الأصعب بينهم: إذا لم يكُن هناك أيَّ صِلة كانت بين المعموديَّة والكنيسة. فمن ناحية، لدينا معموديَّة يجريها راعي الكنيسة التي تؤمن ببشارة الإنجيل، بحضور هذه الكنيسة. ولا مُشكلة هُنا. ومن ناحية أُخرى، لدينا ما يُشبه مَقلب الصديق المَرِح الذي ذكرناه في الفصل الأوَّل: تخيَّل أنَّك مع صديقك في بركة سباحة في أحد أيَّام الصيف الحارَّة، وإذ أنتُما مؤمنان، تخيَّل أنَّ صديقك هو من اقتادك إلى المسيح قبل بضعة أسابيع. وتخيَّل الحوار التالي:

صديقك: ألم تتعمَّد بعد، يا صديقي؟
أنت: كلَّا. وأعتقد أنَّه ينبغي أن أتعمَّد.
صديقك: لماذا لا تتعمَّد الآن؟ يُمكنُني أن أُعمِّدك.
أنت: لكن... حسنًا.

إذا دفعك صديقك حينها تحت الماء وقال: "إنِّي أُعمِّدك باسم الآب والابن والروح القدس"، هل يعني هذا أنَّك تعمَّدت؟ فعلى العكس من المشهد في الفصل الأوَّل من الكتاب، كُنتَ في هذه الحالة راضيًا، وقد قبِلت الإيمان بالمسيح في وقتٍ قريب، عندما شاركك صديقك هذا نفسه رسالة الإنجيل، وهو الآن يعلم بأنَّك وضعت ثقتك في المسيح. لكن هل تُحصِّل هذه المعطيات معًا العوامل الضروريَّة للمعموديَّة؟

أقترح أنَّ الجواب عن هذا السؤال في أغلب الحالات هو أنَّها لا تُحصِّل ذلك. فتذكَّر أنَّ في المعموديَّة يُكرِّس المُعمَّدُ نفسه للمسيح وشعبه، بينما تُصدِّقُ الكنيسة على اعتراف هذا المؤمن بالإيمان. أمَّا صديقك في هذا المشهد الافتراضيِّ، فلا يتصرَّف بالنيابة عن الكنيسة، ولا يبدو في المشهد هذا أنَّ الكنيسة تتحدَّث إليك باسم يسوع في تغطيس صديقك إيَّاك تحت الماء. هذه هي المُشكلة المفصليَّة هُنا والتي تُفقد المشهد من العامل الذي يؤهِّله ليكون حَدَثَ معموديَّةٍ حقيقيَّة.

مع هذا، لاحظ أنَّني قُلتُ إنَّ هذا ينطبق على "أغلب الحالات"، أمَّا إذا كُنتَ في مكانٍ لا كنائس فيه ولا مسيحيِّين، فأقول إنَّ من له الإنجيل له صلاحيَّة أن يُعمِّد. أي أنَّه إن لم يكُن كنائس محلِّيَّة في ذلك المكان، فكأنَّ كُلَّ مسيحيٍّ يحمل في ذاته بذرة الكنيسة، التي هي رسالة الإنجيل، والتي تُزرَع وتُثمِر كنيسة عندما يُكرَزُ بها. وسنتحدَّث عن هذا لاحقًا في الإصحاح القادم، لكن دعني أقول الآن إنَّ ما أقصد أن أقوله هو إنَّه حيث لا كنائس بعد، يُمكن لمَن يكرز بالإنجيل أن يُعمِّد من يستجيبون للرسالة. بل، بالحقيقة، عليه أن يفعل ذلك.

إلَّا أنَّ هذا لم يكُن الحال في مشهد بركة السباحة الافتراضيّ. إذ يبدو أنَّ صديقك عضوٌ في إحدى الكنائس المتوافرة في المنطقة، وبدل أن يتولَّى تلمذتك بنفسه، عليه أن يعهد بك إلى عناية إحدى الكنائس. وعندما تَقبَل المسيح، على صديقك أن يقول لك: "عظيم! دعني الآن أُعرِّفك إلى شعب المسيح. هناك كنائسُ أمينة أُخرى في المدينة، وأنا أنتمي إلى واحدة منها. دعنا نتحدَّث إلى راعي الكنيسة لنرى ما يُمكن فعله لتتعمَّد وتنضمَّ إلى الكنيسة".

دعني أُكرِّر ما قلته سابقًا: في المنطقة التي يُوجد فيها كنائس محلِّيَّة، المعموديَّة التي لا تتَّصل بأيِّ كنيسةٍ ليست معموديَّة. وتذكَّر أنَّ المعموديَّة تصريحٌ يدليه طرفان: المُعمِّد والمُعمَّد. وإذ كانت الكنيسة موجودة في المنطقة في هذا المشهد، لكنَّها إذ لم تتحدَّث بالنيابة عن يسوع المسيح، لا يتأهَّل هذا التغطيس ليُحسَب معموديَّة. فالكنيسة وحدها من يمكنها أن تقبل قَسَمَ مواطني الملكوت، ووحدها من لها تنفيذ علامة القَسَمِ الخاصَّة بالعهد الجديد، ووحدها من لها صلاحيَّة قول: "انظروا هُنا جميعًا: هذا الآن ينتمي إلى يسوع المسيح".

ماذا يعني أن تتَّصل المعموديَّة بالكنيسة المحلِّيَّة؟ سنوضِّح ذلك أكثر في الفصل القادم، لكن إذا أردنا أن نلخِّص الأمر يُمكنني أن أقول التالي: يوجد مرونة في هذا؛ إذ لا أعتقد أنَّ الكتاب المُقدَّس يأمر أن يكون راعي الكنيسة هو من يُعمِّد، إلَّا أنَّني أعتقد أنَّ هذا قد يكون القرار الحكيم في أغلب الحالات. ولا أعتقد أنَّ الكتاب المُقدَّس يأمر أن تحصل المعموديَّة وقتما

تجتمع الكنيسة بأكملها، إلَّا أنَّني أعتقد أيضًا أنَّ هذا القرار حكيم ويتماشى مع دور المعموديَّة في تأكيد التزام المؤمن نحو جسد المسيح وتصديق الجسد على هذا المؤمن. لذا إن لم يكن إلزاميًّا أن يُعمِّد القسُّ، وأن يكون ذلك في اجتماع الكنيسة، يتركنا هذا مع بعض المرونة من ناحية كيفيَّة تطبيق المعموديَّة بطريقة مقبولة.

وما زلت أقول إنَّه حيث الكنيسة موجودة، هُناك خطٌّ رفيعٌ بين أن تكون المعموديَّة بطريقة ما متَّصلة بها، ومن ثمَّ تكون معموديَّة حقيقيَّة، وألَّا تكون متَّصلة بالكنيسة، ومن ثَمَّ تُصبح معموديَّة غير مقبولة؛ فبعض الحالات واضحة جدًّا، وأُخرى ليست كذلك. فمثلًا، تعمَّد أحد أصدقائي الأقرباء على يد أحد أصدقائه في بركة سباحة في مخيَّمٍ مسيحيٍّ بينما كان آخرون يتعمَّدون أيضًا. هل هذه المعموديَّة صحيحة؟ لستُ متأكِّدًا. وإذا لم تخُنِّي ذاكرتي، كانت كنيسةٌ محلِّيَّةٌ تُشرفُ على هذا المُخيَّم بطريقةٍ ما، إلَّا أنَّني لستُ مُتأكِّدًا حيال انخراط الكنيسة مباشرةً في هذه المعموديَّات. لذا تبدو هذه الحالة واقفةً على الخطِّ الرفيع. لكن ما دامت المعموديَّةُ علنيَّة، ومتَّصلة نوعًا ما بكنيسةٍ محلِّيَّة، قد أميلُ نحو أن أعُدُّها مقبولة. إلَّا أنَّ الأمر ليس واضحًا، وقد أتفهَّم إذا استنتجت كنيسةٌ ما عكس ذلك.

يعود الأمر في النهاية إلى الكنائس المحلِّيَّة لتحكُم فيه حينما تقيِّم حاجة الأشخاص إلى المعموديَّة؛ فمن ناحية، لا نُريدُ أن نُضيِّق المقوِّمات أكثر من الكتاب المُقدَّس، ومن الناحية الأُخرى، لا نُريد أن تُصبح المعموديَّة مسألة فردانيَّة ومُنعزلة عن الكنيسة، مُجرِّدين الفريضة من دورها الذي

يُميِّزُ التلاميذ ويضع الحدود ويُشكِّل الكنيسة. وما يدعو هذا إلَّا إلى الحكمة والتبصُّر الكتابيّ.

كما يتطلَّب هذا التمييز من قِبل المسيحيِّين أفرادًا؛ فإذا قبلتَ المسيح في الآونة الأخيرة، أو قُدتَ آخر ليقبل المسيح، احرص على أن تكون محطَّتك الأولى في التلمذة هي الكنيسة؛ فالكنيسة هي الكيان الذي عيَّنه المسيح ليعمل ويتكلَّم بالنيابة عنه، مُمثِّلًا سلطانه السماويَّ على الأرض، وهي المكان الذي ينمو فيه التلاميذ جميعًا إلى ملء قامة المسيح (أفسس ٤: ١١-١٦). أين يذهب المسيحيُّ في أوَّل يومِ عملٍ له؟ إلى الكنيسة المحلِّيَّة.

التالي والأخير

ركَّز هذا الفصل على ما لا يُعدُّ معموديَّةً لكيما يتَّضح ما يُعَدُّ معموديَّةً حقًّا. وإذا وضَّحت الحالات السابقة ما اختبرتَهُ، أرجو أن يُساعدك هذا أن تتيقَّن من طاعتك لوصيَّة يسوع بالمعموديَّة، أو أن تُدرك أنَّك ما زلت تحتاج إلى ذلك، إن استنتجت أنَّك لم تفعل. وإن كُنتَ قائدًا في الكنيسة، أرجو أن يكون لديك الآن مقوِّمات أوضح لما ستحسبه كنيستك معموديَّة وما لن تحسبه معموديَّة.

وبالطبع، لا تنشغلُ الكنيسة بتقييم معموديَّات الناس فقط، بل تُعمِّدهُم أيضًا. لذا سنُجيب في الفصل التالي والأخير عن سؤال: "كيف ينبغي للكنائس أن تُمارس المعموديَّة؟".

الفصل السادس

كيف ينبغي للكنائس أن تُمارس المعموديَّة؟

من جهة غالبيَّة المسيحيِّين، ما يفعلونه عندما يُقبِلون على المعموديَّة هو ببساطةٍ أن يتعمَّدوا. ولا بُدَّ أن يُرافق ذلك التفكير في المعموديَّة لكونها تُشير إلى اتِّحادنا بالمسيح، ولكوننا في المعموديَّة نلنا القوَّة لعيش حياةٍ جديدة وأُمِرنا بذلك (رومية ٦: ١-٤). وأينما سنحت الفرصة، علينا أن نُشجِّع المسيحيِّين الآخرين ونحثُّهم أن يتعمَّدوا إذا لم يسبق لهم أن يتعمَّدوا. لذا، من نحو طاعتك المباشرة ليسوع في أمر المعموديَّة، عندما تتعمَّد، هذا كلُّ ما في الأمر.

أمَّا من جهة قادة الكنيسة، فالقصَّة مُختلفة. قد يتسنَّى للكنائس التي تعظُ بالإنجيل أن تُعمِّد المؤمنين الجدد بصورة منتظمة، وغالبًا ما يهتمُّ قادة الكنيسة بالتعميد. إلَّا أنَّ عمليَّة التعميد نفسها تُثير الكثير من الأسئلة: ما مقدار الماء الواجب استخدامه؟ هل الرشُّ بالماء أو سكبُه يُضاهي التغطيس به؟ مَن عليه أن يُعمِّد؟ أين يجب على الكنيسة أن تُعمِّد ومتى؟ وكم من الوقت بعد أن يأتي المؤمن إلى المسيح ينبغي له أن يتعمَّد؟

سأُجيب عن هذه الأسئلة في هذا الفصل بالترتيب الذي طرحتها به. وبكلمات أُخرى بسيطة، ما سنفعله هو أنَّنا سنُناقش طريقة المعموديَّة ومُنفِّذها ونتائجها وسياقها وتوقيتها.

وأتمنَّى أن يجد من ليسوا قادةً في الكنيسة أنَّ هذه الأسئلة مُفيدة لهم بطريقةٍ ما. وإن لم تتعمَّد بعد، قد يُساعدك هذا الفصل أن تفهم "كيف؟" و"أين؟" تَطلُب المعموديَّة. وإن تعمَّدت مُسبقًا، قد يُساعدك هذا الفصل أن تُساعد الآخرين أن يتعمَّدوا بطريقة تتوافق مع الكتاب المُقدَّس.

ومُجدَّدًا، أودُّ أن أُخاطب المُرسَلين للإنجيل أو من قد يصيرون مُرسَلين للإنجيل في أماكن لا يوجد فيها كنائس: ما دامت نصائحي هُنا تفترض وجود كنائس، لا تنطبق جميعها على المعموديَّات الأولى التي تُجرى في مكانٍ بُشِّر بالإنجيل فيه للتّو. لكنَّكم في طاعتكم للإرساليَّة العُظمى وتعليمكم تلاميذ يسوع أن يُطيعوا جميع ما أوصى به، لا بُدَّ أن تُعلِّموا المؤمنين الجُدد، حتَّى أوَّلهم في بادئ الأمر، أنَّ اتِّباع يسوع يتطلَّبُ تشكيل كنيسة. يقول يسوع: "لأنَّهُ حَيثُما اجتَمَعَ اثنانِ أو ثَلاثَةٌ باسمي فهناكَ أكونُ في وسطِهِمْ" (متَّى ١٨: ٢٠). ويعني هذا أنَّه متى ما توافر أكثر من مؤمنٍ واحد بالمسيح يسوع، توافرت لديكم إمكانيَّة تشكيل كنيسة، فيجب عليكم أن تقتادوا هؤلاء المؤمنين نحو تشكيل كنيسة. وفور ما يُقبِل هؤلاء إلى المسيح، يجب عليهم، بصفتهم كنيسة، أن يُشرفوا على معموديَّة المؤمنين الجُدد. لذا فإنَّ هذا الفصل مُفيدٌ للمُرسَلين، كما هو مُفيدٌ لقادة الكنائس الموجودة منذ فترة.

الطريقة

ما كميَّة الماء التي تحتاج إليها الكنائس لتُعمِّد أحدهم؟ وهل تحتاج أن تبني أماكن كبيرة كفاية لتُعمِّد فيها أو تستأجرها، أم يكفي أن يتوافر لديها أجران المعموديَّة وآنيتها؟

لاحَظنا في الفصل الأوَّل أنَّ الكلمة اليونانيَّة التي تُترجَم "يُعمِّد" تعني أن يدفع تحت الماء ويغمس فيها. وقد عمَّد يوحنَّا في عين نون لأنَّه كان فيها مياه كثيرة (يوحنَّا ٣: ٢٣)، كما طلب الخصيُّ الحبشيُّ أن يتعمَّد حينما لاحظ مسطَّحًا مائيًّا قريبًا (أعمال الرسل ٨: ٣٦). وفي تلك المعموديَّة، لاحِظ أنَّ الخصيَّ وفيلُبُّس "نَزَلا إلى الماء" ولاحقًا "صعدا" منه (أعمال الرسل ٨: ٣٨-٣٩). من المُمكن نظريًّا أنَّهُما نزلا إلى الماء ثُمَّ ملأ فيلُبُّس الماء في كفَّيه وسكبه على رفيقه، إلَّا أنَّ هذا احتمالٌ بعيد؛ إذ إنَّه لا يُفسر طلب الخصيِّ للمعموديَّة تحديدًا عندما رأى مُسطَّح الماء ذاك. ولماذا قد يتحمَّلان عِبء خلع ملابسهما أو بلِّها بالنزول إلى الماء إذا كان التغطيسُ بالكامل ليس ضروريًّا؟

إضافة إلى هذا، يُصوِّر التغطيس الدفن مع المسيح والقيامة معه أفضل تصوير. وفي رومية ٦: ١-٤ وكولوسِّي ٢: ١١-١٢، يُسلِّم بولس جدلًا أنَّ المعموديَّة تُشيرُ إلى الاتِّحاد بموت المسيح ودفنه وقيامته؛ فلا بُدَّ أنَّ هذا كان يُذكِّر القُرَّاء بوقتٍ غُمروا فيه بالماء وسُحبوا من تحتها، لا رُشُّوا بها فقط.

ومن هذا، أُحاجِجُ أنَّ الكتاب المُقدَّس أعطى التغطيس بصفته الطريقة الاعتياديَّة للمعموديَّة. وليس هذا مُجرَّد مُمارسةٍ مارسها المسيحيُّون الأوائل

يُمكنُنا أن نتخلَّى عنها، بل بالأحرى، إنَّ طريقة التعميد ترتبطُ ارتباطًا وثيقًا مع رمزيَّة المُمارسة ومعناها؛ لذا يجب على الكنائس أن تفعل ما في وُسعِها لتُعمِّد المؤمنين بالتغطيس.

المُنفِّذ

ثانيًا، من له أن يُعمِّد؟ إذا كانت المعموديَّة مُمارسةً تختصُّ بالكنيسة، فلا بُدَّ أن يكون الذي يُنفِّذ المعموديَّة مُخوَّلًا من الكنيسة؛ إذ يجب عليه أن يُنفِّذ المعموديَّة بالنيابة عن الكنيسة، لا بدافعٍ شخصيٍّ أو صلاحيَّة شخصيَّة.

تستخدم الكنيسةُ كُلُّها مفاتيح الملكوت (متَّى ١٦: ١٩؛ ١٨: ١٩) إلَّا أنَّ فردًا واحدًا فقط يُعمِّد. وما دامت المعموديَّةُ استخدامًا لمفاتيح الملكوت تُصدِّق بها الكنيسةُ على اعترافِ أحدهم باتِّباعه المسيح، فإنَّ الكنيسة بالمعموديَّة تتكلَّم بالنيابة عن المسيح ويتكلَّمُ المُعمِّدُ بالنيابة عن الكنيسة.

وتُعيِّنُ الكنيسة الرعاةَ، الذين يُدعَونَ أيضًا "شيوخًا" و"نُظَّارًا" (أعمال الرسل ٢٠: ٢٨؛ تيموثاوس ٥: ١٧)، ليُعلِّموا الكنيسة ويقودوها ويُشرفوا عليها. وهم مَن يعلِّمون الكلمة، ويحثُّون الكنيسة على إطاعة الكلمة، ويعيشون بأمانةٍ للكلمة يُقتدى بها، ويُرشدون حياة الكنيسة بالتوافق مع الكلمة. ولهذا، أقترح أنَّه، مع أنَّ الكتاب المُقدَّس لا يتطلَّبُ أن يكون الراعي من يُعمِّد، ينبغي أن يكون كذلك في الوضع الاعتياديّ. الرعاةُ أو الشيوخ هُم أصلًا مَن يعلِّمون كلمة الله للكنيسة بتعليمهم للكلمة، وما المعموديَّةُ إلَّا مُمارسة علنيَّة تتجاوب مع الكلمة وتُعلن الكلمة بصورة مرئيَّة. ولا أعني بهذا أنَّ الراعي المسؤول فقط له أن يُعمِّد، بل إنَّ كُلَّ راعٍ وشيخٍ في الكنيسة مخوَّلٌ بذلك.

وكما ذكرتُ سابقًا، لا أعتقد أنَّ القسَّ هو وحده من يُطلبُ منه أن يُعمِّد. لكن حتَّى لو رغِبتْ كنيسةٌ ما بتعيين آخرين بوظيفة تعميد المؤمنين، أعتقد أنَّ عليها أن تأخذ الحيطة من ناحية هويَّة الذين ستعيِّنهم وسبب تلك الرغبة وطريقة تنفيذها. فمثلًا، إذا سمحت الكنيسة بانتظام للآباء أن يُعمِّدوا أولادهم، قد يُفهَمُ هذا لكون المعموديَّة تختصُّ بالعائلة لا بالكنيسة.

أمَّا النقطة الرئيسيَّة هُنا هي أنَّ المعموديَّةُ مُمارسة تختصُّ بالكنيسة، لا بالمسيحيِّ فردًا، ويعني هذا أنَّ الذي يُنفِّذها يجب أن يكون مُخوَّلًا من الكنيسة؛ فليس للمسيحيِّين أفرادًا السلطة بالتعميد لمُجرَّد كونهم مسيحيِّين.

وكما ذكرتُ في الفصل السابق: حيثُ لا كنيسة، يختلف الأمر. إذا كُنتَ المسيحيَّ الوحيد في المدينة، فإنَّك أنت الكنيسة في تلك المدينة. والأمر يُصبح أنَّك لا تتصرَّف من رغبتك الخاصَّة بعيدًا عن تفويض الكنيسة إيَّاك، بل إنَّك تحمل البذرة التي ستأتي بالكنيسة وتعمل على زراعتها؛ وأقصد بالبذرة بشارة الإنجيل. إذ حيثُما تأتي رسالة الإنجيل بثمار الإيمان والتوبة، يُوثِّقُ ذلك التجاوب بالمعموديَّة. وفور ما يتوافر اثنان أو ثلاثة يجتمعون باسم يسوع، عليك أن تعلِّم هذه الكنيسة الجديدة أنَّ المعموديَّة مسؤوليَّتهم المُطلقة التي يجب أن يُنفِّذوها ويُشرِفوا عليها، ويجب أن تُنفِّذ المعموديَّات اللاحقة تحت إشرافهم وبالنيابة عنهم.

النتائج

المعموديَّةُ عملٌ تقوم به الكنيسة للتصديق على اتِّحاد المؤمن بالمسيح وتصوير ذلك الاتِّحاد بغمره بالماء. كما إنَّها العمل الذي يقوم به المؤمن ليلتزم علنًا نحو المسيح وشعبه. فينتج عن هذا اتِّحاد المؤمن بالكنيسة وتمييزه عن العالم من حوله. بالمعموديَّة، يلتزم المؤمن نحو شعب الله، ويلتزم شعب الله نحو ذلك المؤمن. لذلك، حيثُ توجد كنيسةٌ، المعموديَّة هي ما يبتدِئ عضويَّة الكنيسة. والكنيسة بتعميدها للمؤمن، تضُمُّ ذلك المؤمن إلى أعضائها؛ فالمعموديَّةُ ليست مُجرَّدَ مؤهِّلٍ لعضويَّة الكنيسة، بل، في الوضع الاعتياديِّ، هي ما يبدأ عضويَّة الكنيسة، وكأنَّ عضويَّة الكنيسة منزلٌ، والمعموديَّة بابه الرئيسيّ.

أمَّا الاستثناءُ المقبول الوحيد برأيي هو عندما ينتقل المؤمن الجديد مُباشرةً إلى مكانٍ لا يوجد فيه كنائس على حدِّ عِلْم الجميع. فمثلًا، قد يكون مؤمنٌ جديدٌ على وشك أن يُسافر مع القوَّات البحريَّة ويقضي سنةً على متن السفينة. أو قد يكون أحد العاملين مع شركةٍ دوليَّة على وشك الاتِّجاه إلى أحد البلدان ذات الأغلبيَّة غير المسيحيَّة والتي لا يُعرفُ عن وجود كنائس فيها. ليست هذه الحالات شائعة، إلَّا أنَّها مُمكنة. ويجد هؤلاء المؤمنين الجُدد أنفسهم في وضعٍ مُشابهٍ لوضع الخصيِّ الحبشيِّ. ويجب على الكنيسة في هذه الحالات الاستثنائيَّة أن تُعمِّدهُم وتُصلِّي من أجلهم وتُطلقهم إلى وجهتهم مُشجِّعةً إيَّاهُم على البحث عن أيِّ مُجتمعٍ مسيحيٍّ لينضمُّوا إليه طوال فترة سفرهم. وإذ تحدَّثنا مُسبقًا عن الإرساليَّات التبشيريَّة، أُذكِّر أنَّ أوَّل مؤمنٍ في تلك المنطقة قد لا ينضمُّ إلى أيِّ كنيسةٍ بسبب

عدم وجود واحدة، لكنَّه حينما يتعمَّد اثنان أو ثلاثة آخرون عليهم أن يُشكِّلوا كنيسة.

أمَّا في باقي الحالات، يجب ألَّا تُفصَل المعموديَّة عن عضويَّة الكنيسة؛ فيجبُ ألَّا يتعمَّد من لا يُريد أن يخضع ليسوع بخضوعه للكنيسة. وهذا يُشبه من ينال جنسيَّة مُعيَّنة؛ فكما أنَّ الجنسيَّة تؤكِّد انضمامه إلى ذلك الشعب، يترتَّب عليه في الوقت ذاته مسؤوليَّات المواطنة وواجباتها. المعموديَّة للمؤمن الجديد هي طريقة الانضمام إلى الكنيسة واللحظة التي يحصل فيها هذا. إذا كانت لديك إجراءات عضويَّة تشتمل على دروس ومقابلة وتصويتٍ جماعيٍّ، على العضو المُرشَّح أن يخوض هذه الإجراءات قبل أن يتعمَّد، وعلى الكنيسة أن تُدرك أنَّ العضويَّة تبدأ مُباشرة بالمعموديَّة.

إضافة إلى ذلك، يجب على الكنائس ألَّا تجعل فترة انتظارٍ بين المعموديَّة والعضويَّة رغبةً منها في التركيز على أهميَّة المعموديَّة، وعليها ألَّا تفصِل المعموديَّة عن العضويَّة من أجل أن تلفت الانتباه إلى المعموديَّة أكثر؛ فالطريقة الكتابيَّة للفت الانتباه إلى المعموديَّة هي بأن تَجعَلها المدخل إلى الكنيسة، ومن هذا، المدخل إلى الحياة المسيحيَّة. ومن جهة أُخرى، قد يترك بعض الأشخاص مدة بين المعموديَّة والعضويَّة لأنَّ العضويَّة تأتي بمسؤوليَّات جِدِّيَّة، وقد تفترض هذه الكنائس أنَّ المؤمن الجديد قد لا يكون جاهزًا لتحمُّل هذه المسؤوليَّات. إلَّا أنَّ المشكلة في هذا هو أنَّ الله يطلب من كلِّ مسيحيٍّ أن يأخذ مكانته في الجسد ويُمِدُّهُ بالقوَّة ليفعل ذلك. لذا إن كُنتَ مُستعدًّا أن تصدِّق على أنَّ أحدهم مسيحيٌّ، ليس من سببٍ وجيه لتركه خارج جسد المسيح؛ إذ إنَّ هذا هو المكان الوحيد الذي سينضج فيه

ويقوى على حمل المسؤوليّات وغيرها من الأمور. أمّا إن كُنتَ مُتردِّدًا من قُدرة أحدهم على الانخراط في حياة جسد المسيح أو من رغبته في ذلك، فقد تحتاج أن تُعيد النظر في إقبالك على التصديق على اعترافه بالإيمان بتعميده.

في الظروف الاعتياديّة، يجبُ ألّا تُفصَل المعموديّة عن العضويّة. ولاهوتيًّا، تبتدئ المعموديّةُ عضويّةَ الكنيسة، لذا عليك ألّا تُعمِّد أحدهم دون أن تضُمَّه إلى الكنيسة، وعليك أن تمنح العضويّة مُباشرةً لكُلِّ من تُعمِّدهم. وهكذا، فإنَّ عضويّة المؤمن الجديد تشترطُ معموديَّته، كما أنَّها تتفعَّل فورًا لدى معموديَّته.

السياق

أين يجب على الكنيسة أن تُعمِّد؟ هل يُشترَط أن تُعمِّد في مبنى كنيسة، أو على الأقلِّ، وقت اجتماع شعب الكنيسة؟ ليس بالضرورة؛ فيبدو أنَّ الكتاب المقدَّس يسمح بالمعموديّة داخل "اجتماع الكنيسة" وخارجه بل يبدو أنَّ أمثلة أسفار العهد الجديد تنحصرُ في المعموديَّة خارجه. لكن هل لدينا ما نقوله إضافة إلى هذا؟

تُعَدُّ المعموديَّة اعترافًا علنيًّا بالإيمان، وتُعدُّ الكنيسةُ أهمَّ من يُخاطَبُ بهذا الاعتراف. وأيضًا، يمكنُني أن أُجادلَ أنَّه ما دامت المعموديَّة هي تصديق الكنيسة بأكملها على اعتراف مؤمنٍ ما وترحيبها به بين أعضائها، على الكنائس أن تُعمِّد في الظروف الاعتياديَّة في سياق اجتماع الكنيسة بأكملها، سواء كان ذلك في مبنى الكنيسة أم على ضفَّة أقرب نهر، لكي يُفهم بوضوحٍ أنَّه في المعموديَّة تُخاطِب الكنيسة بأكملها الفرد بالنيابة عن الله،

وأنَّ الفرد يُخاطِب الله والكنيسة بأكملها. وهذا ما تُجاهِر به المعموديَّة في سياق اجتماع شعب الكنيسة كُلِّهم، على العكس من التجمُّعات الصغيرة التي تكتم هذا الحقّ.

وإن فكَّرنا في سياق الإرساليات التبشيريَّة، أقترح أنَّ المُعمِّد وحده يكفي للفريضة لتكون علنيَّة، لكون المُعمِّد بنفسه شاهد عيانٍ في العَلَن على اعتراف الإيمان. إلَّا أنَّ معموديَّات "الجمهور من شخصٍ واحد" مقبولة فقط في حال عدم توافر شهود آخَرين. أمَّا في الوضع الاعتياديِّ، فينبغي للمعموديَّة أن تحتفل بها الكنيسة كافَّة لكونها ممارسة تختصُّ بالكنيسة كافَّة.

التوقيت

وأخيرًا، كم من الوقت بعد أن يأتي المؤمن إلى المسيح ينبغي له أن يتعمَّد؟ هل ينبغي أن يتعمَّد المؤمن الجديد فورًا أم ينبغي أن يُترك فترة من الانتظار؟

لا شكَّ أنَّ جميع الأمثلة على المعموديَّة في أسفار العهد الجديد حدثت فور ما آمن الفرد (لاحظ مثلًا أعمال الرسل ٢: ٣٨-٤١؛ ١٠: ٤٧-٤٨؛ ١٦: ١٤-١٥، ٣٠-٣٤؛ ١٩: ١-٥). وما دامت المعموديَّة هي الإفصاح العلنيَّ عن الإيمان، ينبغي أن تتَّصل بوقت اهتداء الشخص أقرب ما يُمكن. لذا، من ناحية، لا أظنُّ أنَّه يجب على الكنائس أن تترك مدَّة انتظارٍ قبل المعموديَّة من أجل أن تلحظ ثمار إيمان الشخص أو تعلِّمه أساسيَّات الإيمان المسيحيِّ والحياة المسيحيَّة.

لكن إن كانت المعموديَّة تبتدئ عضويَّة الكنيسة، ألا ينبغي أن يُزعجنا طول مُدَّة إجراءات عضويَّة الكنيسة التي غالبًا ما تؤخِّر المعموديَّة أسابيع أو شهورًا؟ ألا يُخالف تأخيرُ المعموديَّة النمطَ الكتابيَّ؟ ليس تحديدًا؛ إذ ليست إجراءات عضويَّة الكنيسة فترةً من التجربة، بل ببساطة وقتٌ يضمن أن يعرف المُرشَّح للمعموديَّة ما هو مُقبلٌ عليه وأن تتعرَّف الكنيسة إلى المُرشَّح أكثر.

في يوم الخمسين، كان واضحًا ما كان يُقبِل إليه كلُّ من آمن: مُقاومة قادة الشعب الدينيِّين وحياة جديدة بين جماعة المسيَّا المُضطهَدين هؤلاء. أمَّا اليوم، فالأمور ليست بذلك الوضوح؛ إذ إنَّ هُناك مَن يدَّعون المسيحيَّة معتقدين أن ليس لذلك شأنٌ بالخضوع لسيادة يسوع أو علاقة وطيدة بكنيسةٍ محلِّيَّة. لذلك توضِّح التعليمات والمناقشات المُختصَّة بإجراءات عضويَّة الكنيسة ما يضعه المؤمنُ على المحكّ. كما تضمن دراية الذين يقطعون الوعد بالمعموديَّة -وبهؤلاء أقصد الكنيسة والمؤمن معًا- بما يعدون به ولِمَن يعدون به. وبهذا، تضمنُ مطالبة المُرشَّحين للمعموديَّة بخوض إجراءات عضويَّة الكنيسة أن تضع المعموديَّة حدًّا بين الكنيسة والعالم بحقٍّ، وأن تُجسِّد المعموديَّة التزام المؤمن نحو المسيح وشعبه بحقٍّ، وأن تُحقِّق بحقٍّ رغبة يسوع بتمييز أتباعه بواسطة التعرُّف إليهم بمُشابهتهم له.

لذا، ليكون كلامي واضحًا، أظنُّ أنَّ الكنائس في الغرب وبالأخصّ في ما يُدعى "الحزام الإنجيليُّ" من الولايات الأميركيَّة حيثُ يسود الطابعُ الإنجيليُّ

المحافظ على الثقافة وترتفع مُعدَّلات حضور الكنيسة مُقارنةً بباقي الولايات الأميركيَّة، لا ينبغي لها أن تُقيم الاجتماعات مع إمكانيَّة أن يتقدَّم أيٌّ كان إلى الأمام ويتعمَّد مُباشرةً ودون أيِّ التزام نحو عضويَّة الكنيسة؛ لأنَّ هكذا اعترافات بالإيمان غامضة أكثر من كونها علنيَّة، إذ يأتي المُعمَّد ويرجع ببساطةٍ ليختفي بين الجموع.

أمَّا إذا كُنتَ تعيش في بلدٍ ذي أغلبيَّة غير مسيحيَّة حيث قد ينتج عن معموديَّتك تخلِّي عائلتك عنك أو ما شابه ذلك، فإنَّ الأمر أكثر وضوحًا. لذا، أفضل ما يُمكن فعله، خصوصًا لنا في أميركا، هو الحرص على أن يُدرك المؤمن ما هو مُقبلٌ عليه. وتحتاج الكنائس أن تضمن أن يُدرك هؤلاء المتعمِّدين أنَّ ما هُم مقبلون عليه هو عضويَّة الكنيسة وحياة من الخضوع لسيادة المسيح.

المهمُّ في الأمر

بدأنا هذا الكُتيِّب بنظرةٍ كتابيَّةٍ نحو المعموديَّة، وآل بنا الأمر إلى التفاصيل الصغيرة في الموضوع. وفي كُلِّ هذا، استعرضنا شيئًا من الأسئلة المتعلِّقة بالمعموديَّة والتي سألناها على صورة "من؟" و"ماذا؟" و"متى؟" و"أين؟"، وتحديدًا سؤال "لماذا؟". لذا، إن كُنتَ مؤمنًا بيسوع حالت تساؤلاتك حول المعموديَّة دون أن تتعمَّد، أرجو أن يكون هذا الكتاب قد أزال الغموض عن أجوبة بعض أسئلتك ومهَّد الطريق لك لتُطيع يسوع بأن تلتزم علنًا نحوهُ ونحو شعبه. وإن كُنتَ قائدًا في الكنيسة، أرجو أنَّك وجدت هُنا بعض المُساعدة في فهم المعموديَّة وتعليمها وإرشاد كنيستك في مُمارستها.

فما المُهمُّ في أمر المعموديَّة؟ تختم المعموديَّة شعب الله بعلامة بشارة الإنجيل، وتُنادي بالتزام المؤمن علنيًّا نحو المسيح لتمشي حياته في طريق الشهادة الواضحة عن نعمة الله في خبر الإنجيل. كما أنَّها تختم على التزام المؤمن نحو شعب المسيح ضامَّةً إيَّاهُ إلى شركة جسد المسيح. وتتفوَّه، علاوةً على ذلك، بكلمات التصديق والقبول من الكنيسة إلى المؤمن بالنيابة عن المسيح. وهذا ما دفع وصيَّة المسيح لتلاميذه أن يتعمَّدوا ويُعمِّدوا.

تُصوِّر المعموديَّة رسالة الإنجيل وتُذيعُها، وترسُم خطًّا فاصلًا حول شعب الإنجيل الذي تاب عن خطاياه ووثق بالمسيح. المعموديَّةُ مُهِمَّةٌ بسبب بشارة الإنجيل التي تُشيرُ إليها بكلِّ حيويَّة.

مراجع

١. يستسقي هذا الجُزء كثيرًا من الفَصلَين الثالث والرابع من كتاب:

Jonathan Leeman, *Don't Fire Your Church Members: The Case for Congregationalism* (Nashville: B&H, 2016).

٢. لتطَّلع على مثالٍ دفاعيٍّ عن هذا الموقف من المعموديَّة، عُد إلى المرجع التالي:

Sinclair B. Ferguson, "Infant Baptism View," in *Baptism: Three Views*, ed. David F. Wright (Downers Grove, IL: InterVarsity, 2009), 77–111.

٣. B. B. Warfield, *Studies in Theology* (New York: Oxford University Press, 1932), 408.

٤. في نقاط عدَّة من هذا الجُزء، أعتَمِدُ في الشرح على المرجع التالي:

Bruce A. Ware, "Believers' Baptism View," in *Baptism: Three Views*, 19–50.

٥. Frank Thielman, *Ephesians,* BECNT (Grand Rapids: Baker, 2010), 397.

٦. لتجد حُجَّة هذا الفصل بأكملها، عُد إلى كتابي:

Going Public: *Why Baptism Is Required for Church Membership* (Nashville, TN: B&H, 2015).

وأُخذ هذا الفصل مِن الفصل الثامن وأجزاء من الفصل التاسع من الكتاب المذكور آنفًا، إلى جانب استفادته من الكتاب كامِلًا.

٧. John, L. Dagg, *Manual of Church Order* (Harrisonburg, VA: Gano Books, 1991), 95.

٨. لاحظ ما كتبتُ في المقال التالي على الرابط الإلكترونيّ المُرافق:

"You Asked: Should I Get 'Re-Baptized'? (Credobaptist Answer)," at http://thegospelcoalition.org/blogs/tgc/2013/02/06/you-asked-should-i-get-re-baptized-credobaptist-answer.

WORDsearch® Bible – Is a Branch of LifeWay Christian Resources – it has been supplying high quality Bible study software since 1987, serving those who change lives through preaching and teaching. WORDsearch® offers preachers, teachers and students of the Word of God thousands of Bibles and books that make Bible study faster, easier and more enjoyable. WORDsearch® is also available for free on iphone, ipad, and on Android phones and tablets through the MyWSB.com application.